비지니스 문화 중국어

청독편 听读篇

张西 / 원종민 编著

中国商务文化

한국외국어대학교 출판부

前言

本书是以外商在中国从事商务活动(包括入境、会晤、接待、宴请、洽谈、出境等)为线索，从中国社会文化背景、风俗民情、社交礼仪、职场礼仪、商务物流公务礼仪和思维方式等方面，系统地介绍了中国商务文化知识 具有理论结合实际、紧跟时代、强化实践操作等特点。本书旨在使学习者掌握在中国进行商务活动时所必备的能力

本书以简洁、生动的语言，例举了大量的商务活动实例(并附有相应的图片说明)，力求让学习者感受到在中国从事商务活动时的真实情景 每课内容包括：

(1) 内容概要：概括性地叙述了每课的主要内容。
(2) 学习目标：强调指出每课所要学习的重点。
(3) 阅读理解：选择最具有代表性的一些商务文化活动进行具体的叙述。
(4) 常用词汇：从商务汉语的角度出发，挑选出实用的词汇加以注释。
(5) 语法注释：挑选每课中常用的句型和语法点进行解析。
(6) 课后练习：为学习者提供复习、掌握并能灵活地应用该课词句的机会。
(7) 相关附录：附有与商务活动相关的文件、表格、图片等，从多方面补充了课文的内容，以期帮助学习者更多更好地掌握中国商务文化方面的知识。

本书已被韩国远程外国语大学中文系使用 这让我们有机会在教学实践中对本书做出修改，使之成为一本既便于教学、便于学习，又具实用性的教材。在此，对我们的学生表示由衷的感谢！

本书的出版还要特别感谢韩国外国语大学出版部卓京求主任和才华横溢的编辑郑在原先生；感谢我的优秀的合作者韩国远程外国语大学中文系元钟敏教授 感谢审读此书和为此书顺利出版提供过帮助的所有的人们！再次感谢！

作者
2008年 5月
于韩国远程外国语大学

목 차

第 1 课

中国文化与商务活动

중국의 문화와 비즈니스 활동

内容概要

本课介绍：中国文化与商务活动的关系。通过对中国文化和中国人特点的介绍，使你对中国的商务文化知识有一个较为全面的了解，学会如何与中国人打交道，帮助你在中国的商务活动中取得成功。

学习目标

1. 初步了解中国商务文化的特点。
   중국 비즈니스 문화의 특징을 초보적으로 이해한다.

2. 初步了解中国人的种种思维习惯和行为方式。
   중국인의 다양한 심리, 사고방식 및 행동 방식 등의 특징을 초보적으로 이해한다.

3. 理解并掌握成语：“举世瞩目”、“叶落归根”、“自以为是”、“知己知彼，百战不殆”的用法。
   성어 '举世瞩目', '叶落归根', '自以为是', '知己知彼, 百战不殆' 등의 용법을 이해하고 익힌다.

4. 理解并掌握常用句式：“……意味着……”的用法。
   상용어 '……意味着……'의 용법을 이해하고 익힌다.

5. 理解并掌握条件复句“只有……才能……”的用法。
   조건복문 '只有……才能……'의 용법을 이해하고 익힌다.

6. 了解“发展中国家”、“中国的改革开放”等文化背景知识。
   '发展中国家', '中国的改革开放' 등의 문화적 배경 지식을 이해한다.

阅读

生词

1) 幅员辽阔
fúyuán liáokuò
국토가 광활하다.

2) 潜力 qiánlì
[명] 잠재력. 저력.

3) 商机 shāng jī
[명] 비즈니스 기회.

4) 不容忽视
bùróng hūshì
무시할 수 없다.
가벼이 볼 수 없다.

5) 凝聚性 níngjù xìng
[명] 응집성.

6) 包容性 bāoróng xìng
[명] 포용성.

7) 故土难离 gùtǔnánlí
고향 땅은 차마 떠나기 어렵다.

8) 旅居 lǚjū
[동] (객지에) 머물다.

中国文化与商务活动

中国是一个**幅员辽阔**[1]、资源丰富、人口众多、拥有着巨大**潜力**[2]的发展中国家。特别是随着中国改革开放的深入发展，中国的经济已经取得了许多举世瞩目的成就，并为全世界提供着诸多的**商机**[3]。这就意味着中国已经成为了一个**不容忽视**[4]的"世界市场"。

中国还是一个拥有着几千年悠久历史和文化的国度。这深深地影响着中国人的思想和生活。也由此在经济活动中，逐渐形成了具有中国特色的商务文化环境。当外商纷纷到中国寻求发展机会时，应首先了解中国人的特点、中国人的人际关系和与中国人打交道时应注意的种种问题。只有清楚地了解了这些文化特点，才能有助于你与中国人进行商业交往和沟通。

中国人深受儒家思想和道家思想的影响。其文化的突出特点表现在：**凝聚性**[5]、**包容性**[6]和多样性。如，中国人重视家庭，人们习惯于通过家庭、亲情、地域关系等，建立起亲密的人际关系。很多人不愿意离开家乡去外地工作，这就是所谓的"**故土难离**[7]"；甚至**旅居**[8]在外久了也要"叶落归根"。当你和中国人打交道时就要充分地理解中国人重情讲义的这一情感特点。

中国又是一个多民族的国家,每个民族都各具自己的文化特色,而各民族间又互相影响,形成了**多元**[9]的中国文化。中国地域广阔,因而民族文化和区域文化之间又存在着很大的差异。如中国习惯上以秦岭和淮河为南北分界线。北方人主要的性格特点为:豪爽、**率直**[10],而南方人则精明、细致。所以,在和中国人交往时,不能用同一种交往**模式**[11]。

此外,中国人还以**谦虚**[12]作为美德,注重**和谐**[13]、**中庸**[14]和集体主义。若过分强调自我,则会**招致**[15]中国人的反感。当你和中国公司进行商务活动时会发现,中国公司的**决策**[16]常常需要过一段时间以后才能定夺。这就是因为这个决策,是要经所有成员的一致同意才能通过的缘故。中国人这种传统的集体主义思想,有利于培养员工的责任感和忠诚度。这一点与西方人强调个人的自由和权利的特点有所不同。

中国是一个友好的国家,也期待和各国之间有更多的交流与合作。但外商要与中国人进行商务交往,首先应做好前期的准备工作,充分地了解当地的商务文化特点,"**入乡问俗**[17]",要尊敬当地的风俗,**切忌**[18]自以为是。要积极地参与中国人的活动,使人有"**亲和感**[19]",并能灵活地对待中国人特有的思维习惯和行为方式。只有真正做到"知己知彼",才能"百战不殆",在中国市场上**取得**[20]成功!

9) 多元 duōyuán
[명] 다원. 다양.

10) 率直 shuàizhí
[형] 솔직하다.

11) 模式 móshì
[명] 방식. 패턴.

12) 谦虚 qiānxū
[형] 겸허하다.

13) 和谐 héxié
[형] 화합하다. 조화롭다.

14) 中庸 zhōngyōng
[명] 중용.

15) 招致 zhāozhì
[동] 일으키다. 초래하다.

16) 决策 juécè
[동] (방법, 정책을) 결정하다.

17) 入乡问俗 rùxiāngwènsú
로마에 가면 로마법을 따른다.

18) 切忌 qièjì
[동] 삼가다. 금물이다.

19) 亲和感 qīnhé gǎn
[명] 친화감.

20) 取得 qǔdé
[동] 가지다. 얻다.

注释

1 举世瞩目

成语 举：全。 世：世界。 瞩目：注视, 用眼睛看。
성어 举 : 온, 모든. 世 : 세계. 瞩目 : 주목하다, 눈으로 보다.

举世瞩目：全世界的人都注视着。多用来说某一重大事件受到全世界的关注。

举世瞩目: 온 세계 사람이 모두 주목하다. 주로 중대한 사건이 전세계의 관심을 받을 때 쓴다.

例 奥林匹克运动会是举世瞩目的体育盛会。

올림픽은 전세계가 주목하는 스포츠 축제이다.

这次在纽约举办的"奥斯卡电影颁奖大会"举世瞩目。

이번에 뉴욕에서 열린 '오스카 영화시상식'은 전세계의 주목을 받았다.

2 ……意味着……

意思是 表示含有某种意义。
뜻 '(……한 의의를)담고 있다' 이다.

例 保护好生存环境,就意味着善待生命。

생존환경을 잘 보호한다는 것은 바로 생명을 소중히 여기라는 의미이다.

中国经济的飞速发展,意味着中国在国际经济的舞台上,已占据了不可忽视的地位。

중국경제의 비약적인 발전은 중국이 이미 국제경제 무대에서 무시할 수없는 지위를 차지한다는 의미이다.

3 叶落归根

成语 比喻事物回归本源。多指客居他乡的人终究要回到故里。也说落叶归根。

성어 사물이 근원으로 돌아감을 비유한다. 타향에 머무르는 사람이 결국에는 고향 땅으로 돌아감을 주로 가리킨다. '落叶归根'이라고도 한다.

例 漂泊在海外的很多中国人，都希望日后能"叶落归根"，返回故里。

해외를 떠도는 중국인은 모두 앞으로 '잎이 뿌리로 돌아가듯' 고향으로 돌아가기를바란다.

他退休以后的唯一愿望就是能"叶落归根"，回到故乡生活 。

잎이 뿌리로 돌아가듯 고향으로 돌아가 생활하는 것이, 그가 퇴직한 이후의 유일한 바람이다.

4 自以为是

成语 是：正确。

自以为是：自己认为自己正确。形容主观、不虚心的态度。

성어 是 : 정확하다.

自以为是: 자신만이 옳다. 주관적이고 겸손하지 않은 태도를형용한다.

例 他是个自以为是的人。

그는 독선적인 사람이다.

自以为是的态度是狂妄而不客观的。

자신만이 옳다는 태도는 오만하고도 객관적이지 못한 것이다.

5 知己知彼，百战不殆

成语 出自《孙子・谋攻》意思为：指对自己的情况和对方的情况都有了透彻的了解后, 就能做到百战百胜。

성어 출전 : 『孫子・謀功』.

뜻 : 자신과 상대방의 상황을 철저히 이해한 후에는 백전백승할 수 있다.

例 他是个围棋高手, 每次比赛都能做到知己知彼, 而且百战不殆。

그는 바둑의 고수인데, 겨룰 때마다 '지피지기, 백전백승' 한다.

在签订合约前, 一定要做到知己知彼, 这样才能百战不殆, 取得谈判的成功。

계약을 체결하기 전에 반드시 나와 상대를 철저히 파악해야만 백전백승, 즉 담판에서 성공할 수 있다.

6 只有……才能……

条件复句 表示只有具备了某种条件, 才能取得相应的结果。

조건 복문 '일정 조건을 구비해야만 상응하는 결과를 얻을 수 있다'는 의미이다.

例 只有在假期, 我们才能去旅游。

휴가기간에만 여행을 갈 수 있다.

只有努力学习, 才能取得好的成绩。

열심히 공부해야만 좋은 성적을 얻을 수 있다.

7 改革开放

1978年12月18日至22日，中国共产党在北京召开了党的第十一届三中全会。全会的主要任务是把全党工作的重点转移到社会主义现代化建设上来，也就是说要在中国实行改革开放的政策。

1978년 12월 18~22일, 중국공산당은 베이징에서 당의 제11차 삼중전회를 개최했다. 전체회의의 주요 임무는 전체 당의 사업 중점을 사회주의 현대화 건설로 옮기기, 다시 말해 중국에서 개혁개방 방침을 실시하는 것이었다.

例 改革开放给中国的经济带来了无限的生机。

개혁개방은 중국의 경제에 무한한 활력을 가져왔다.

中国自改革开放以来，经济发展迅速。

중국은 개혁개방 이후로 경제 발전이 빠르게 이뤄졌다.

8 发展中国家

指经济比较落后，正在全力进行经济建设的国家。

경제가 비교적 낙후되어 경제건설에 전력을 다하는 국가를 가리킨다.

例 发展中国家与发达国家相比，仍有很大的差距。

개발도상국을 선진국과 비교하면 여전히 큰 차이가 있다.

目前，中国仍然属于发展中国家。

현재, 중국은 여전히 개발도상국이다.

练习

听课文后回答问题。

다음 문장을 잘 읽고 본문 내용에 부합되면 '对', 부합되지 않으면 '错'에 체크하세요.

1）中国属于发达国家之一。

对　　错

2）在与中国人进行商务活动时，首先要了解当地的商务文化。

对　　错

3）中国人以谦虚作为美德，同时也强调个人主义。

对　　错

4）成语"知己知彼，百战不殆"出自《论语》。

对　　错

5）中国的文化具有多元化的特点，所以不能只用一种交往模式去和中国人打交道。

对　　错

6）中国北方人的性格：豪爽、率直。而南方人则精明、细致。

对　　错

选词填空。

다음 각 문장의 밑줄 친 부분에 알맞은 단어를 보기에서 찾으시오.

보 기	a.举世瞩目	b.旅居	c.悠久	d.沟通	e.反感	f.潜力

1）中国是一个具有着巨大 ______ 的发展中国家。

2）过分的强调自我，会让人 ______ 。

3）______ 海外的人，都很怀念家乡。

4）这次召开的世界博览会是 ______ 的。

5）中国是一个历史 ______ 的国家。

6）他认为与人 ______ 是一件很困难的事。

快速阅读课文后用中文回答。

본문을 속독한 후 다음 문제에 중국어로 답하시오.

1) 本文中你最感兴趣的句子、段落和观点是什么？
본문에서 가장 흥미를 느낀 문장, 단락과 관점은 무엇인가?

2) 本文中你认为最难理解的句子、段落和观点是什么?

본문에서 가장 이해하기 어려웠던 문장, 단락과 관점은 무엇인가?

3) 从本文中你学到了那些你认为有用的生词和句式?

본문에서, 스스로 생각하기에 유용한 단어와 문장형식은 무엇인가?

4) 从本文中你了解到了哪些内容? 请谈一谈你所了解的一些中国商务文化的知识。

본문에서 어떤 내용을 이해하게 되었는가? 본인이 이해한 중국 비즈니스 문화 관련 지식을 말해 보시오.

MEMO

附录

A：当代中国经济概况

位于亚洲大陆东部、太平洋西岸的中国，地大物博，幅员辽阔，资源丰富，人口众多。

1949年10月1日中华人民共和国成立后，建立和巩固了真正的主权国家，为中国经济建设提供了前提和保障，使中国经济在建国后的30年里，取得了应有的基础性成就。

特别是从1979年实行改革开放政策以来，中国的经济建设和社会发展取得了举世瞩目的成就。从1979年到1999年，GDP增长了5.8倍。人民的生活已经达到了小康水平。

中国政府鼓励优先发展轻工业、扩大高档消费品进口、加强基础产业、基础设施建设，大力发展第三产业。此外，中国的房地产业、金融保险业、电信业也飞速地发展起来了。

中国政府还改革了对外贸易的政策，支持中外合资、外商独资企业、个体户和私营经济的发展。一个以公有制为主体、多种所有制经济共同发展的格局已基本形成。中国的对外贸易总额连续五年居世界第十位。由此，中国的社会生产力、综合国力和人民生活水平得到了改善，社会经济面貌发生了历史性的巨变。

中国经济发展的速度、良好的现状、巨大的经济潜力和无可估量的前景令人振奋。目前，中国为全世界提供着巨大的商机。随着中韩两国的建交，双方在文化与贸易方面的交流也日益增多。特别是沿海城市已成为韩国公司投资的热点。此外，许多外国企业也纷纷到中国寻求发展的机会，十几万外国企业落户中国，中国成为了一个巨大的"世界市场"。这也意味着中国在世界经济的舞台上，已占据了不可忽视的地位。

해석

A. 중국의 경제 현황

아시아대륙의 동부이자 태평양 서안에 자리한 중국은 국토가 광활하고 자원이 풍부하며 인구가 많다.

1949년 10월 1일, 중화인민공화국이 건국된 후 진정한 의미의 주권국가를 건립하고 공고히했으며, 중국의 경제건설에 여건과 안정성을 마련함으로써 중국 경제는 건국 후 30년 동안 응당 갖춰야 할 기초적성과를 얻을 수 있었다.

특히, 1979년부터 시행한 개혁개방 정책 이래로 중국의 경제건설과 사회발전은 세계가 주목할 만한 성과를 얻었다. 1979년에서 1999년까지 GDP는 5.8배나 증가했다. 국민의 생활수준은 이미 중산층 수준이 다다랐다.

중국정부는 경공업 우선 발전 격려, 고급 소비품의 수입 확대, 기간 산업 강화, 인프라 건설 및 3차 산업을 적극 발전시켰다. 그 외에, 중국의 부동산업, 금융보험업, 통신업 등도 비약적으로 발전하기 시작했다.

중국정부는 대외무역 정책을 혁신하였으며, 중외 합자, 외국 독자기업, 개인사업자와 민간경제의 발전을 지원했다. 공유제를 주축으로 다양한 소유제의 경제(형태)가 함께 발전하는 구도가 기본적으로 형성되었다. 중국의 대외무역 총액은 연속 5년간 세계 10위를 차지했다. 이 때문에 중국의 사회생산력, 종합국력과 국민생활수준은 개선되었고, 사회 경제적 면모가 역사적인 변화를 겪었다.

중국경제의 발전속도, 양호한 (경제) 현황, 엄청난 경제적 잠재력 및 감히 짐작조차할 수 없는 미래가 우리를 흥분시킨다. 현재 중국은 전세계에 거대한 비즈니스 기회를 제공하고 있다. 중한 양국이 수교함에 따라, 문화와 무역측면에서 양국의교류도 나날이 증대하고 있다. 특히 연해도시들은 이미 한국 기업의 투자 인기지역이되었다. 그 외에도 많은 외국기업들도 중국에 와서 발전기회를 모색하고, 십 수만의 외국 기업이 중국에 자리를 잡았으며, 중국은 거대한 '세계의 시장'으로 발돋움했다. 이 역시 중국이 세계경제 무대에서 이미 무시할 수 없는 지위를 차지했음을 의미한다.

B：中国居世界前十位的主要社会经济指标：

(转引自国家统计局国际信息统计中心1998年公布的资料)

1. 人口居世界第一
2. 国土面积居第三位
3. 经济总产量居第七位
4. 经济增长率近五年居首位
5. 粮食、油类、肉类、煤、水泥、电视机等工农业产品产量居世界前列
6. 对外贸易居第十位
7. 外汇储备居第二位
8. 吸收外资总额居第二位
9. 国际旅游业收入居第八位

해석

B. 세계 10위권에 드는 중국의주요 사회 경제지표

(국가통계국 국제정보통계센터 1998년 발표한 자료 인용)

1. 인구 세계 1위
2. 국토 면적 3위
3. 경제 총생산량 7위
4. 경제 성장률 5년 연속 1위
5. 식량, 기름, 육류, 석탄, 시멘트, TV 등 모든 주요 공업 농업제품 생산량 수위권
6. 대외 무역 10위
7. 외화보유액 2위
8. 외자 유치총액 2위
9. 국제 관광업 수입 8위

第 2 课

入境须知

입국 시 주의사항

内容概要

本课介绍：入境须知。通过对中国入境手续的介绍，使你对怎样在中国订机票、托运行李、办理必要的入境手续等常识有一定的了解，方便你出行中国。

学习目标

1. 了解入境中国的种种相关手续。
   중국의 각종 입국 수속에 대해 초보적으로 이해한다.

2. 了解在中国购买航班机票, 以及托运行李的相关事项。
   중국에서 항공권 구입하기 및 수하물 탁송 관련 사항을 초보적으로 이해한다.

3. 理解并掌握连词: "并", "且"的用法。
   접속사인 '并'과 '且'의 용법을 이해하고 익힌다.

4. 理解并掌握介词: "按"、助词 "不得" 和常用句式: "……次之" 的用法。
   개사인 '按', 조사'不得' 와 상용구 '……次之'의 용법을 이해하고 익힌다.

5. 理解并掌握假设复句: "如果……, 那么……"的用法。
   가정복문인 '如果……, 那么……'의 용법을 이해하고 익힌다.

6. 理解并掌握条件复句 "只要……, 就……" 的用法。
   조건복문인 '只要……, 就……'의 용법을 이해하고 익힌다.

阅读

生词

1) 须知 xūzhī
[명] 주의 사항. 준칙.

2) 检疫 jiǎnyì
[명][동] 검역(하다).

3) 订座单 dìngzuòdān
[명] 좌석예약서

4) 头等舱 tóuděngcāng
[명] 퍼스트클래스. 일등석.

5) 公务舱 gōngwùcāng
[명] 비즈니스클래스.

6) 再证实 zài zhèngshí
[동] 재확인(Reconfirm)하다.

入境须知

如果你要去中国，那么首先要了解以下的入境须知[1]。

出国前需准备护照、签证、行李、机票等。出入境手续一般包括：边防检查、海关检查、安全检查、检疫[2]等。这些机构一般设在：机场、车站、码头等地。

购买中国航班的机票,应注意以下几点：

1. 持证件购票：购买机票时应出示有效证件,填写《旅客订座单[3]》。
2. 分等级购票：机票按价格分为三个等级：头等舱[4]最贵、公务舱[5]次之、经济舱最便宜。
3. 机票有效期：正常标价的机票有效期为一年。在有效期期间，机票可变更，以一次为限,并需在航班规定离港前24小时提出。
4. 机票不得转让。必要时需要再证实[6]。
5. 退票：在航班规定离港前24小时之前退票，收取客票价5%的手续费。
在航班规定离港前24小时之内退票，收取客票价10%的手续费。

在航班规定离港前两小时之内退票，收取客票价20%的手续费。

在航班规定离港时间后退票，按误机处理，收取客票价50%的退票费。

乘坐中国的飞机，应遵守以下有关乘客所携带行李的**现行**[7]规定：

1. 随身携带的行李：持头等舱票的旅客，每人可随身携带两件行李；持公务舱、**经济舱**[8]票的旅客，每人只能携带一件行李。且每件行李不得超过5公斤。
2. 免费托运行李：头等舱40公斤，公务舱30公斤，经济舱20公斤。超额行李应付费。且每件交付托运的行李不得超过50公斤，并有大小规格的限制。
3. 禁止托运的物品：禁运物品、限制运输物品、危险物品、有**异味**[9]物品或容易**污损**[10]飞机的其它物品，不准托运或随身携带。

重要的文件资料、外交信袋、**证券**[11]、货币、**汇票**[12]、贵重物品、易碎易**腐蚀**[13]物品，以及其它需要专人照管的物品，也不宜交付托运。

7) 现行 xiànxíng
[형] 현행의.

8) 经济舱 jīngjìcāng
[명] 이코노미클래스. 일반석.

9) 异味 yìwèi
[명] 독특한 냄새.

10) 污损 wūsǔn
[동] 더럽히고 손상시키다. 더럽히다.

11) 证券 zhèngquàn
[명] 증권. 유가 증권.

12) 汇票 huìpiào
[명] 환어음.

13) 腐蚀 fǔshí
[동] 부식하다. 썩다.

14) 利器 lìqì
[명] 예리한 도구. 이기.

15) 磁性物质 cíxìng wùzhì
[명] 자성 물질

16) 可聚合物质
kě jùhé wùzhì
[명] 불안정물질

17) 放射性物质
fàngshèxìng wùzhì
[명] 방사성 물질

18) 入境登记卡
rùjìngdēngjìkà
[명] 입국신고서

19) 健康申明卡
jiànkāng shēnmíngkǎ
[명] 건강확인서

20) 海关申报单
hǎiguān shēnbàodān
[명] 세관신고서

枪支、弹药、刀具、**利器**[14)]、动物、**磁性物质**[15)]、**可聚合物质**[16)]、**放射性物质**[17)]等不准随身携带登机。

此外,当你从中国海关入境的时候,还应该准备好护照、已填写好的**入境登记卡**[18)]、**健康申明卡**[19)]和**海关申报单**[20)]。并应注意：五百元以上的礼物需交税(样品可以免税)。当你清楚地了解了以上种种入境中国的注意事项后,你出行中国时就会变得容易方便了。

注释

1 如果……，那么……

假设复句 前一分句提出一个假设的条件，后一分句表示在这一条件实现后将产生的结果。

가정복문 앞 절에서 가정한 조건을 제시하고, 뒤 절에서 이 조건이 실현된 후 생기는 결과를 나타낸다.

例 如果他说的是对的，那么，就请按照他说的去做。

그가 한 말이 맞는다면 그가 말한 대로 하십시오.

如果你要跟中国人做生意，那么你应该先了解中国的商务文化特点。

중국인과 거래를 하려면 중국의 비즈니스문화를 반드시 알아야 한다.

2 按

介词 意思是：按照，依照。表示根据、标准等。

개사 의미는 '按照', '依照'와 같은 '…에 따라, …에 비추어'란 뜻이다. 근거, 기준 등을 나타낸다.

例 本次招生录取，是按全国统考成绩来排名的。

이번 신입생 모집은 (중국의) 전국연합고사 성적에 따라 순서를 매긴 것이다.

机票按价格可分为头等舱、公务舱和经济舱三种。

비행기표는 가격에 따라 퍼스트클래스, 비즈니스클래스 그리고 이코노미클래스의 세 가지로 나눌 수 있다.

3 次之

次：次序在第二的，副的；之：(代词) 代指前面出现的名词。

次之：意思为：表示放在前面的名词后，排在第二位。

次：두 번째의. 제2의. 之: (대명사) 앞서 나왔던 명사를 가리키는 대명사.

次之: 앞에 놓인 명사의 다음으로 두 번째 순서임을 나타낸다.

例 民为贵，社稷次之，君为轻。

백성이 (가장) 귀하며, 조정은 그 다음이고 군주가 (가장) 나중이다.

该省矿物资源丰富，铜最多，锌次之。

이 성의 광물자원은 풍부한데, 구리가 가장 많고 아연이 그 다음이다.

4 不得

助动词 用在动词前，表示不可。

조동사 동사 앞에 쓰여서, 해서는 안 되거나 할 수 없음을 나타낸다.

例 室内不得吸烟。

실내에서 흡연하면 안 된다.

公共场合不得大声喧哗。

공공장소에서 큰소리로 떠들면 안 된다.

5 且, 并

连词 意思为：并且, 而且。

접속사 '并且'나 '而且'와 같은 의미로 '또한, 게다가'란 뜻이다.

例 报名必须持有效证件, 且需本人亲自前往。

신청할 때는 반드시 유효한 신분증을 지녀야 하며, 본인이 직접 가야 한다.

合同必须由双方法人代表签订, 并用中英两种文字签署。

계약은 양측의 법정대표가 조인하여야 하며, 중문과 영문 두 가지 언어로 서명한다.

6 只要……, 就……

条件复句 表示只要具备了某种条件, 就能取得相应的结果。

조건복문 어떤 조건만 갖추면 상응하는 결과를 얻을 수 있음을 나타낸다.

例 只要努力争取, 就会有好的结果。

얻으려고 노력하기만 하면 좋은 결과가 있을 것이다.

只要天气晴好, 工程就能如期完成。

날씨가 맑기만 하면 공사는 예정대로 완공될 수 있다.

练习

听课文后回答问题。

다음 문장을 잘 읽고 본문 내용에 부합되면 '对', 부합되지 않으면 '错'에 체크하세요.

1) 中国的出入境手续一般包括边防检查、海关检查、安全检查、检疫等。

对　　错

2) 在中国购买机票不用出示有效证件。

对　　错

3) 正常标价的机票在有效期期间可多次变更。

对　　错

4) 对于免费托运的行李, 并没有大小规格的限制。

对　　错

5) 危险物品是禁止托运的。

对　　错

6) 当你从中国海关入境时, 应准备好护照、入境登记卡、健康申明卡和海关申报单。

对　　错

选词填空：

다음 각 문장의 밑줄 친 부분에 알맞은 단어를 보기에서 찾으시오.

보 기	a.出示	b.携带	c.现行	d.交付	e.禁止	f.不得

1）根据 ______ 法律规定，这种行为会被判五千元以上的罚款。

2）进入考场时请 ______ 准考证。

3）犯人已 ______ 相关部门，并等待接受法律的制裁。

4）超过 5 公斤的行李是不允许随身 ______ 的。

5）合同双方 ______ 随意修改合同的内容。

6）我们应该自觉遵守博物馆内 ______ 拍照的规定。

快速阅读课文后用中文回答。

본문을 속독한 후 다음 문제에 중국어로 답하시오.

1) 本文中对你最实用的内容是什么？

본문에서 가장 실용적인 내용은 무엇인가?

2) 本文中你认为最难记忆的专有名词是什么？

본문에서 가장 기억하기 어려운 전문용어는 무엇이었는가?

3) 从本文中你学到了哪些你认为有用的生词和句式？

본문에서 배운 것 중 유용하다고 여겨지는 단어와 문장형식에는 무엇이 있는가?

4) 从本文中你了解到了哪些内容? 请谈一谈你所了解的一些入境中国的相关知识。

본문에서 어떤 내용들을 알게 되었는가? 여기서 알게 된 중국 입국과 관련된 지식을 말해보시오.

MEMO

(앞면)

《入境登记卡》ARRIVAL CARD
填写前请认真阅读背面说明
Please read the points attention on the back before filling

姓 Family		名 Given Name	
出生日期 Date of Birth	年 Y 月 M 日 D		性别 Sex
国籍Nationality	护照证件号码Passport or Certificate No.		
中国签证号Chinese Visa No.		签发地Place of Lssue	
偕行人数Accompanying number		航班（车次）Flight(Train)No.	
职业Occupation 1.行政管理人员Legislators Adminstrators			
2.专业技术人员 Professionals Technical 3.办事员Clerk			
4.商业人员 Commerce 5.服务员Service 6.农民Farmmer			
7.工人Worker 8.其他 Others 9.无职业Jobless			
在华地址 Address in China(Hotel)			
旅客签名 Singature			
官方填写 ： W U Y D Z X F L G C T M Official Use Only		证件种类	

(뒷면)

说　明

一：入出境中、外籍旅客必须如实填写本登记卡，并随同护照证件一并交边防检查员检验。

二：请用中、英、法、西班牙其中一种文字填写，日本人姓名用罗马文拼写，字迹要工整、清晰。

三：请根据自己的职业在职业栏内的一项上划“√”。

四：禁止携带法律规定的危险物品入境，如有，必须向边防检查站报告。

五：入境到达居住地后，须按规定办理住宿登记或居留登记手续。

한국어

《입국신고서》

기입하기 전에 뒷면의 설명을 잘 읽어 보십시오.

성	이름	
생년월일 년 월 일		성별
국적	여권번호	
중국 비자 번호	발급장소	
동반자수	편명 (기차)	
직업 1. 공무원		
2. 전문기술자	3. 회사원	
4. 상인	5. 서비스종사자	6. 농민
7. 노동자	8. 기타	9. 무직
중국내 주소		
서명		
세관원 기입란 : W U Y D Z X F L G C T M		신분증 종류

설 명

1. 출입국하는 중국 혹은 외국 여행객은 반드시 사실대로 본 신고를 작성하여야 하며, 여권 또는 신분증과 함께 세관원에게 제시한다.
2. 중, 영, 프, 스페인어 중 한 가지 언어로 작성하고, 일본인은 성명을 발음 나는 대로 영어로 표기하되, 반듯하고 분명하게 쓴다.
3. 직업란에서 자신에게 해당되는 직업을 '√'로 표시한다.
4. 법정 위험물품을 소지하고 입국하는 것을 금하며, 소지했을 경우 반드시 검사소에 신고해야 한다.
5. 입국 후 거주지에 도착한 다음 반드시 규정에 따라 숙박 등록이나 거주등기 수속을 밟아야 한다.

第 3 课

中国宾馆简介

중국의 호텔 소개

内容概要

本课介绍：在中国宾馆住宿时的种种规定和礼仪。通过对在中国入住宾馆时相关规定和礼仪的介绍，使你对如何在中国住宿的问题有一定的了解，让你在中国更方便住宿、旅行和洽谈商务

学习目标

1. 了解中国宾馆的规定, 以及如何入住宾馆等问题。
   중국 호텔의 규정 내지 투숙 방법을 초보적으로 이해한다.

2. 了解中国宾馆提供的服务以及入住者应注意的种种礼仪。
   중국 호텔에서 제공하는 서비스 및 투숙자가 주의해야 할 여러 가지 매너를 초보적으로 이해한다.

3. 理解并掌握副词 "最好" 的用法。
   부사 '**最好**'의 용법을 이해하고 익힌다.

4. 理解并掌握连词 "以便"、"若" 的用法。
   접속사 '**以便**', '**若**'의 용법을 이해하고 익힌다.

5. 理解并掌握动词 "切记" 的用法。
   동사 '**切记**'의 용법을 이해하고 익힌다.

6. 理解并掌握成语: "不修边幅", "宾至如归" 的用法。
   사자성어 '**不修边幅**', '**宾至如归**'의 용법을 이해하고 익힌다.

阅读

生词

1) 五星级 wǔxīngjí
[명] 5성급.

2) 填写 tiánxiě
[동] 기입하다. 작성하다.

3) 旅客登记表 lǚkèdēngjìbiǎo
[명] 투숙객 등록카드 (Registration).

4) 押金 yājīn
[명] 보증금.Deposit.

5) 房卡 fángkǎ
[명] 룸카드. 룸키.

6) 常规 chángguī
[명] 일반적인 규정. 상규.

7) 酌情 zhuóqíng
[동] 참작하다.

8) 告示牌 gàoshìpái
[명] 팻말.

9) 把手 bǎshǒu
[명] 문고리. 손잡이.

中国宾馆简介

中国的宾馆又叫饭店或酒店。最好的宾馆是**五星级**[1]宾馆。如：上海的希尔顿饭店、北京的长城饭店、西安的金花饭店等等。中国政府规定，只有三星或三星以上的宾馆才能接待外宾。另外有接待外宾许可证的宾馆或旅馆也可接待外宾。宾馆里一般都设有商务中心，在那里你可以打国际电话、使用电脑、发传真等。如果你打算住宾馆，最好提前预订客房 (打电话或上网预订)。

当您到达入住的宾馆后，应先到宾馆的大厅总服务台**填写**[2]《**旅客登记表**[3]》，并出示有效证件。旅客登记表上的内容一般有：姓名、国籍、出生年月、证件种类、证件号码、签证种类、签证有效期、来店时间、离店时间、接待单位等。可用中文或英文填写。其次，要预付住宿**押金**[4]，可用现金或国际信用卡支付。然后您可以拿到**房卡**[5]，并由服务生送您去房间

中国的宾馆一般为客人提供以下**常规**[6]服务：

1. 客房内备有客人须知、业务介绍等各种相关资料。请您详细阅读后，**酌情**[7]享用。
2. 宾馆为住宿的客人提供免费存放贵重物品的业务。
3. 客房内还有"**告示牌**[8]服务"。您可在门外**把手**[9]上

悬挂“请勿打扰”、“请打扫房间”等告示牌，或开启相应的指示灯，以便提示客房服务员提供相应的服务。

4. 宾馆还提供**洗涤**[10]服务。如需清洗衣物，请将衣物装入专用洗衣袋放在客房内。若需快洗，要事先说明，并多付费用。

5. 在宾馆的总服务台，还有可**兑换**[11]外币，预订宾馆、购买飞机票及去飞机场接送等业务。

在中国的宾馆住宿应注意以下礼仪：

1. 对待服务人员，应平等相待，尊重他们的劳动和人格。
2. 在客房内接待客人，应**切记**[12]保持安静，勿影响他人休息。待客时间不宜太久，且不要让来访的客人在客房**留宿**[13]。
3. 请不要让按摩人员上门服务。
4. 入住客房后，应自觉保持卫生。
5. 在宾馆内部活动时，住宿人员请勿身着睡衣、拖鞋出现在宾馆的公用和共享空间。来访的客人请勿衣衫不整、**不修边幅**[14]。
6. 住宿人员请勿在非公用之处活动。如：公司企业的办公室、其他客人的客房、服务人员休息室、楼顶等处，均为客人活动的**禁区**[15]。
7. 在宾馆的餐厅用餐时，请提前打电话预定座位。

[10] 洗涤 xǐdí
[동] 세탁하다.

[11] 兑换 duìhuàn
[동] 환전하다.
현금과 바꾸다.

[12] 切记 qièjì
[동] 단단히 기억하다.

[13] 留宿 liúsù
[동] 유숙하다.
(손님을) 묵게 하다.

[14] 不修边幅 bùxiūbiānfú
[성] 겉모습에 신경을 쓰지 않다.

[15] 禁区 jìnqū
[명] 금지구역.

请勿大声**喧哗**[16)]，并禁止**酗酒**[17)]。

8. 在宾馆的歌厅、舞厅、**氧吧**[18)]、泳池、台球厅、**桑拿浴**[19)]等娱乐健身场所时，应注意自己的着装、合作规定等。

9. 在宾馆里，一般都设有商场、超市、专卖店或商店柜台，供客人选购。在这里购物时应注意：遵守存包规定、挑选规定、付款规定和退货规定。

总之，当您详细地了解了在中国宾馆住宿时的种种礼仪和规定后，您一定会觉得很方便，并会有"**宾至如归**[20)]"之感。

16) 喧哗 xuān huá
[동] 떠들다.
시끄럽게 하다.

17) 酗酒 xùjiǔ
[동] 주정하다.
취해서 난폭하게 굴다.

18) 氧吧 yǎng bā
[명] 산소카페.

19) 桑拿浴 sāngnáyù
[명] 사우나. (sauna)

20) 宾至如归 bīnzhìrúguī
[성] 제집에 돌아온 듯
마음이 편하다.

注释

1 最好

副词 意思为：这样做更正确、更合适。

부사 '……하는 편이 더 정확하고 적절하다'라는 의미이다.

例 跟中国人交往, 最好先了解一些中国的文化习俗。

중국인과 사귈 때는 먼저 중국의 문화 관습을 어느 정도 이해하는 편이 좋다.

这件事情最好指定专人负责, 以免出错。

이 일은 실수가 생기지 않도록 사람을 별도로 지정하여 책임지게 하는 편이 좋다.

2 以便

连词 用在下半句话的开头, 表示使下文所说的目的容易实现。

접속사 뒤 절의 앞에 놓여 여기서 말한 목적이 잘 이루어지도록 하자는 의미이다.

例 请将地址和邮编写清楚, 以便迅速投递。

신속히 배달될 수 있도록 주소와 우편번호를 정확히 쓰시오.

请把结论部分标出来, 以便读者更清楚地阅读。

독자가 더 분명하게 독해할 수 있도록 결론 부분을 표시하시오.

3 若

连词 书面语, 意为：如果。

접속사 문어체로 '만약'이란 뜻이다.

例 若有疑问, 请致电咨询。

의문점이 있다면 전화로 문의하십시오.

若以一种交往模式与中国人打交道, 可能会招致相反的效果。

틀을 가지고 중국인과 사귀려 한다면 역효과를 일으킬 수 있다.

4 切记

动词 意思为：牢牢记住。

동사 '확실히 기억해 두다'라는 의미이다.

例 遇事切记要冷静对待。

일이 생겼을 때는 침착하게 대처해야 한다는 점을 확실히 기억해 둬라.

切记：尊重别人, 才能得到别人的尊重。

다른 사람을 존중해야 그들로부터 존중 받을 수 있다는 점을 잘 기억하라.

5 不修边幅

成语 边幅：衣帛的边缘, 比喻仪容、衣着等。
意思为：不注意衣着、容貌的整洁。

성어 边幅: 옷의 가장자리. 외관, 옷차림을 비유한다.
옷차림이나 겉모습이 단정하고 깨끗한지에 신경 쓰지 않는다는 뜻이다.

例 他认为不修边幅是一种个性。
그는 겉모습에 신경을 쓰지 않는 것을 일종의 개성으로 여긴다.
不修边幅的他, 失去了那个宝贵的工作机会。
겉모습에 신경을 쓰지 않던 그는 소중한 취업 기회를 잃었다.

6 宾至如归

成语 客人到了这里就好像回到自己的家一样。
形容宾馆、饭店等招待周到。

성어 손님이 이곳에 오면 자신의 집에 온 듯 편안하다.
호텔이 매우 세심하게 서비스를 제공함을 형용한다.

例 "宾至如归"是这家五星级饭店的宗旨。
'집에 온 듯 편안하게'가 이 5성급 호텔의 설립이념이다.
服务员们周到的服务, 使客人们有一种 "宾至如归" 的感觉。
종업원들의 세심한 서비스는 투숙객들에게 '집에 돌아온 듯이'란 말의 의미를 진정으로 느끼게 했다.

练习

听课文后回答问题。

다음 문장을 잘 읽고 본문 내용에 부합되면 '对', 부합되지 않으면 '错'에 체크하세요.

1）中国政府规定，只有三星级以上的宾馆才能接待外宾。 对 错

2）在中国入住宾馆要预付住宿押金。 对 错

3）宾馆为住宿的客人提供免费存放贵重物品的业务。 对 错

4）对待服务人员可以随意责骂。 对 错

5）在客房内接待客人，应保持安静，勿影响他人休息。 对 错

6）在宾馆的娱乐健身场所内可以随意而为。 对 错

选词填空。

다음 각 문장의 밑줄 친 부분에 알맞은 단어를 보기에서 찾으시오.

보 기	a. 填写	b. 酌情	c. 切记	d. 兑换	e. 喧哗	f. 不修边幅

1）在中国银行可以进行外币的 ______ 。

2）请不要在公共场合大声 ______ 。

3）入境之前要 ______ 入境申请卡。

4）那个 ______ 的青年，转眼已变成稳重的中年人了。

5）客人可以根据自己的口味 ______ 加入调味料。

6） ______ 不要把样品的顺序号弄错

快速阅读课文后用中文回答。

본문을 속독한 후 다음 문제에 중국어로 답하시오.

1) 中国的宾馆一般为客人提供哪些常规服务?

중국의 호텔에서는 보통 투숙객에게 어떤 통상적인 서비스를 제공하는가?

2) 在中国的宾馆住宿应该注意哪些礼仪?

중국의 호텔에 투숙할 때는 어떤 매너들에 주의해야 하는가?

3) 从本文中你学到了哪些你认为有用的生词和句式?

본문에서 배운 것 중 유용하다고 여겨지는 단어와 문장형식에는 어떤 것이 있는가?

4) 从本文中你了解到了哪些内容? 请谈一谈你所了解的中国宾馆的情况。

본문에서 어떤 내용들을 알게 되었는가? 중국의 호텔 상황에 대해 이해한 바를 말해보시오.

MEMO

附录

《旅客登记表》

陕西宾馆

SHANXI HOTEL

房号：

房价：

抵店时间：

离店时间：

REGISTRATION FORM

账单号 ACCOUNT No.	抵店日期 ARRIVAL DATE	离店日期 DEP DATE	抵店时间 ARRIVAL TIME	房间种类 ROOM TYPE	房价 RM RATE	旅行社/公司代码 T/A.C.

房号 ROOM No.	加收15%服务费及5元/间天的城建费。The room rate subjects to 15 percent service charge and 5 yuan city construction tax.	人数 No. of GUEST	定金 DEPOSIT	担保 GUATANTEED BY

以下由本人用正楷填写 PLEASE WRITE IN BLOCK LETTERS

先生、夫人、小姐（姓名） MR/MRS/MS(FULL NAME)		出生年、月、日 DATE OF BIRTH
家庭地址 FULL HOME ADDRESS		
证件名称及号码 NAME OF CERTIFICATE WITH NO.		入境日期 DATE OF ARRIVING CHINA
签证种类及期限 TYPE OF VISA AND VALID DATE		国籍 NATIONALITY
公司名称 COMPANY NAME /TITLE		职业 OCCUPATION
由何处来 FROM:	交通工具 CARRIER:	往 TO:

注意： 请将贵重物品存放在大堂收银处，否则如有损失宾馆恕不负责。另在客房内备有私人保险箱。

Guest Notice: Our hotel is not liable for any loss of valuables. There are safety boxes available for the use of the hotel guests free of charge. All rooms are equipped with a personal safe.

付款方式
METHOD OF PAYMENT

□ 订房凭单 VOUCHER　□ VISA　□ 龙卡 DRAGON

□ 公司付款 COMPANY　□ MASTER　□ 金穗卡 JINSHUI

□ 现金 CASH　□ ANEX　□ 长城卡 GREAT WALL

□ DINERS　□ JCB　□ 牡丹卡 PEONY

客户签名
GUEST SIGNATURE:

收银员
CASHIER:

한국어

《투숙객 등록카드》

陕西宾馆

SHANXI HOTEL

객실 번호 :

객실 요금 :

체크인 시간 :

체크아웃 시간 :

REGISTRATION FORM

거래번호	체크인 날짜	체크아웃 날짜	체크인 시간	객실 종류	객실료	여행사/회사 코드

객실번호	15%의 서비스 요금 및 5위안/숙박일수의 도시건설비를 가산함	인원수	예약금	보증

아래 양식을 정자로 기입하시오.

남/녀 (성명)		생년월일
거주지 주소		
신분증 종류 및 번호		입국 일시
비자 종류 및 기한		국적
회사 명칭		직업
출발지	이동 수단	목적지

주의사항 : 귀중품은 로비 프런트에 보관하시오. 그렇지 않은 경우 분실하더라도 호텔에는 책임이 없습니다. 또는 객실 내의 개인 보관함을 이용해주십시오.

결제 방식

□ VOUCHER	□ VISA	□ DRAGON
□ COMPANY	□ MASTER	□ JINSHUI
□ 현금	□ ANEX	□ GREAT WALL
□ DINERS	□ JCB	□ PEONY

고객 서명 　　　　　　　　　　 수납자

第 4 课

商务会晤(一) 时间、着装、介绍

비즈니스 미팅(1) 시간, 복장, 소개

内容概要

本课介绍：在商务会晤中,中国人对于时间、着装、相互介绍等方面的要求和习惯。通过对这些会晤时基本常识的介绍,使你对如何选择会晤时间、会晤时的衣着,以及怎样介绍别人和自己等常识有一个初步的认识,为你与中国人商务会晤的成功奠定基础。

学习目标

1. 了解并掌握与中国人会晤时如何为自己和他人做介绍的基本要求。
   중국인과 만날 때 자신과 다른 사람을 소개하는 기본 상식을 이해하고 익힌다.

2. 了解并掌握中国人与人初次见面时的寒暄用语以及如何与中国人约定时间、会晤时的着装习惯等常识。
   중국인이 처음 만나는 사람에게 하는 인사말 내지 중국인과 약속시간 정하기, 미팅 복장 등의 상식을 이해하고 익힌다.

3. 了解并掌握动词"不宜"的用法。
   동사 '不宜'의 용법을 이해하고 익힌다.

4. 理解并掌握成语："奇装异服"、"浓妆艳抹"、"珠光宝气" 的用法。
   성어인 '奇装异服', '浓妆艳抹', '珠光宝气'의 용법을 이해하고 익힌다.

5. 理解并掌握假设复句："一旦……，就……" 的用法。
   가정복문 '一旦……, 就……'의 용법을 이해하고 익힌다.

6. 理解并掌握递进复句 "不仅……，而且……" 的用法。
   체진복문 '不仅……, 而且……'의 용법을 이해하고 익힌다.

7. 了解 "中山装"、"旗袍" 等文化背景知识。
   '中山装', '旗袍' 등의 문화적 배경 지식을 이해한다.

阅读

生词

1) 会晤 huìwù
[동] 만나다. 회견하다.

2) 歉意 qiànyì
[명] 유감. 사과.

3) 极为 jíwèi
[부] 극히. 몹시.

4) 仪表 yíbiǎo
[명] 몸가짐. 겉모습.

5) 心理定势
xīnlǐ dìngshì
[명] 선입관.
멘탈세트(mental set).

6) 着装 zhuózhuāng
[명] 옷차림. 복장.

商务会晤(一)
时间、着装、介绍

[时间]:

中国人常说：时间就是金钱。时间就是生命。由此可见中国人对时间的重视。

A: 当中国人与人**会晤**[1]时，一般会提前商定好见面的具体时间的。时间一旦商定，就不宜再更改。如有特殊原因，通常会提早通知对方，说明原因，并表示**歉意**[2]。

B: 中国人参加会晤时，一般会提前五到十分钟到达会晤地点，以便有时间做好会晤前的准备。

C: 在一般情况下，不便会晤的时间是：**极为**[3]忙碌时、节假日、凌晨、深夜、以及用餐和午休时间。

当你与中国人进行商务会晤时，一定要准时。因为这不仅意味着你诚实、可信赖，而且也表示对对方的友好与尊敬。

[着装]:

在人与人之间最初的交往中，人们总是通过**仪表**[4]彼此相识，并由此推断一个人的身份、学识、能力、性格、态度等，再决定接受对方的程度，这就是第一印象形成的**心理定势**[5]。**着装**[6]常常是商人成功的第一步。所以中国人很重视着装。

A: 中国是一个相对保守的国家，一般不习惯"奇装异服"、"浓妆艳抹"、"珠光宝气"、"香气逼人"的着装。特别是在正式场合、公务场合或商务场合，提倡着装"庄重保守"的**风格**[7]。

B: 通常，在参加商务活动中，男士穿着要稳重成熟。正式服装有：西服**套装**[8]、中山装、制服及民族服装。女士穿着要端庄优雅。正式服装有：西服套裙、旗袍、连衣裙及民族服装等。以此显示对所参加活动的重视和对对方的尊重。

C: 在参加商务社交活动时，如观看演出、**出席**[9]宴会、参加舞会、**登门拜访**[10]、参加**联谊活动**[11]等，商务人员的着装应当具有"**时尚个性**[12]"的特点。如男士可着：西服套装。女士可着：**时装**[13]、**礼服**[14]、旗袍等。

[介绍]:

介绍是人际交往中与他人进行**沟通**[15]、增进了解、建立联系的一种最基本、最常规的方式。介绍礼仪通常分为两种：

A: 自我介绍：就是在必要的社交场合，把自己介绍给其他人，以便使对方认识自己。自我介绍包括三项基本要素：即本人姓名、**供职**[16]的单位以及具体部门、担任的职务和所从事的

7) 风格 fēnggé
[명] 풍격. 태도.

8) 套装 tàozhuāng
[명] 슈트.

9) 出席 chūxí
[동] 출석하다. 참석하다.

10) 登门拜访
dēngmén bàifǎng
[동] 방문하다.

11) 联谊 liányì
[동] 친목을 다지다. 우의를 나누다.

12) 时尚个性
shíshàng gèxìng
[명] 시대적 풍조.

13) 时装 shízhuāng
[명] 패션. 유행의상.

14) 礼服 lǐfú
[명] 예복.

15) 沟通 gōutōng
[동] 소통하다. 교류하다.

16) 供职 gōngzhí
[동] 직무를 맡다. 봉직하다.

具体工作。如："您好！我叫刘丽，在青岛大学外事处从事行政工作。"

进行自我介绍时一定要充满自信，态度自然、亲切，语速适中，语言简洁、清晰，多用**谦辞**[17]、敬语。要注意选择好适当的时间，以半分钟至一分钟为最佳。同时还可利用名片、介绍信加以**辅助**[18]。但切勿在对方无兴趣、无要求、无心情或休息、用餐、忙于处理事务时打扰对方。

B：他人介绍：即经过第三者为彼此不相识的双方引见。一般情况下，为他人做介绍是双向的，即第三者对被介绍的双方都做一番介绍。如："我来介绍一下，这位是江总，这位是林董，两位认识一下吧。"

在中国的公务和商务活动中，为他人做介绍的顺序为：先介绍身份高的、年长者、主人、女士和先到场者，然后再一一介绍对方。

当介绍者介绍完毕后，被介绍者双方应依照合乎礼仪的顺序进行握手，彼此问候，也可互递名片。此时的常用语有："您好"、"幸会"、"很高兴认识您"、"久仰大名"、"认识您非常荣幸"等。

总之，正确地利用介绍，不仅可以广交朋友，而且有助于自我**展示**[19]、自我**宣传**[20]。

[17] 谦辞 qiāncí
[명] 겸양어.

[18] 辅助 fǔzhù
[동] 거들다. 보조하다.

[19] 展示 zhǎnshì
[동] 전시하다.

[20] 宣传 xuānchuán
[동] 선전하다.

注释

1 不宜

动词 宜：适宜, 适合。意为：不适宜。

동사 宜 : '적절하다. 적합하다. '부적절하다'란 의미이다.

例 会议中不宜来回走动。

회의 중에 왔다 갔다 움직이는 것은 부적절하다.

以他现在的身体状况来看，不宜从事这样的工作。

그의 현재 몸 상태로 보건대 이런 일에 종사하는 것은 적절치 않다.

2 奇装异服

成语 多含贬义, 意思是：与当时社会上一般人衣着式样不同的服装。

성어 부정적인 뜻이 많은데 당시 사회에서 일반인들이 입는 양식과 다른 복장을 의미한다.

例 中学生不能穿奇装异服进入校门。

중학생은 기괴한 복장으로 학교에 들어갈 수 없다.

改革开放后, 人们的审美观发生了很大的变化　很多以前被认为是奇装异服的服饰现在已非常流行了。

개혁개방 이래, 사람들의 심미관에도 많은 변화가 발생했다. 과거에는 기괴한 복장으로 여겨졌던 많은 옷들이 이제는 매우 유행을 타고 있다.

3 浓妆艳抹

成语 多用作贬义，形容女子妆饰妖艳。

성어 폄의. 여자의 화장이 짙음을 형용한다.

例 女孩们浓妆艳抹地参加化妆舞会去了。

여자아이들은 짙은 화장을 하고 가면무도회에 참가하러 갔다.

在正式的场合，得体的淡妆比浓妆艳抹更为合适。

공식 장소에서는 격에 맞는 옅은 화장이 짙은 화장보다 적절하다.

4 珠光宝气

成语 形容服饰、陈设等非常华丽。

성어 옷차림이나 장신구가 매우 화려함을 형용한다.

例 中世纪时，贵夫人们总是把自己打扮得珠光宝气的。

중세 때, 귀부인들은 늘 온갖 보석으로 자신을 화려하게 치장했다.

这里的装饰太过珠光宝气，不适合这次会议庄重的主题。

이곳의 장식은 너무 번쩍거리고 화려해서 이번 회의의 엄숙한 주제에 적합하지 않는다.

5 一旦……，就……

假设复句 前一分句提出一种假设, 后一分句表示在这种假设下会产生的结果。

가정복문 앞 절에서 가정을 제시하고 뒤 절에서 이런 가정하에 생기는 결과를 나타낸다.

例 一旦这次谈判失败, 我们就会失去进军国际市场的机会。

일단 이번 담판이 결렬되면 우리는 국제시장에 진입할 기회를 잃을 것이다.

一旦作出了决定, 就不要轻易改变。

일단 결정을 내리면 쉽게 바꾸지 마라.

6 不仅……，而且……

递进复句 前一分句是基础, 后一分句表示更深一层的意思。

병렬(익심)복문 앞 문장은 기본이고, 뒷 문장은 앞보다 정도가 더 높음을 나타낸다.

例 经常运动, 不仅可以强健身体, 而且还可以保持好的精神状态。

자주 운동하면 신체를 건강하게 할 수 있을 뿐만 아니라 좋은 정신상태를 유지할 수도 있다.

尊敬他人, 不仅是自身良好素质的表现, 而且还能得到他人的尊敬。

남을 존경하는 것은 자신이 좋은 소양을 나타내는 것일 뿐만 아니라 남의 존경을 받을 수도 있다.

7 中山装

中山装是中国现代服装中的一个大类品种。其上衣的左右上下各有一个带盖子和扣子的口袋,下身是西裤。这是辛亥革命后流行起来的服装,因伟大的革命先行者孙中山做临时大总统时穿用而流行于世的,故称"中山装"。

중산복은 중국 현대의 중요한 복식 중 하나이다. 상의의 좌우상하에는 각기 덮개가 달 주머니가 달려 있고, 하의는 양복바지이다. 이는 신해혁명 후에 유행하기 시작한 복식으로, 위대한 혁명 선각자인 손중산이 임시대통령을 맡았을 때 입으면서 널리 유행했기 때문에 '중산복'이라고 부른다.

例 在中国年纪大的人更喜欢穿中山装。
중국에는 나이가 드신 분은 중산복을 선호한다.
他穿中山装的样子很帅。
그 사람은 중산복을 입으면 더 멋있다.

8 旗袍

旗袍,满语称"衣介"。古时泛指满洲、蒙古、汉军八旗男女穿的衣袍。由于旗袍非常适合中国妇女的体形和贤淑的个性、民族的气质,后来这一源于满族的传统服装渐渐成为中华民族服饰文化宝库中的一朵奇葩,受到国内外妇女的青睐和赞赏。

치파오는 만주어로 '이지에'라고 부른다. 옛날 만주, 몽고, 한(漢)군 8기가 입던 중국식 긴 옷이다. 치파오가 중국 여성의 체형과 현숙한 성향, 민족기질 등에 잘 맞아떨어지자, 나중에 만주족의 전통복식이었던 치파오가 점차 중화민족 복식문화 보고 중의 진기한 꽃으로 국내외 여성의 사랑과 찬사를 받았다.

例 身穿旗袍的她更具东方女性贤淑温婉的气质。
그녀는 치파오를 입으면 동방여성의 현숙한 성향을 더 드러낸다.
旗袍是一种受中国女性青睐的服装。
치파오는 중국 여성이 좋아하는 복장의 하나이다.

练习

听课文后回答问题。

다음 문장을 잘 읽고 본문 내용에 부합되면 '对', 부합되지 않으면 '错'에 체크하세요.

1) 中国人与人会晤时，一般会提前商定好见面的具体时间的。

对　　错

2) 用餐和午休时间适于会晤。

对　　错

3) 中国是一个相对保守的国家。

对　　错

4) 在参加商务社交活动时，商务人员的着装应"珠光宝气"的。

对　　错

5) 进行自我介绍时要充满自信，多用谦辞。

对　　错

6) 为他人做介绍时，只介绍其中一方即可。

对　　错

选词填空。

다음 각 문장의 밑줄 친 부분에 알맞은 단어를 보기에서 찾으시오.

보 기	a. 极为	b. 仪表	c. 稳重成熟	d. 出席	e. 时装	f. 一番

1) 公司的各级领导都 ______ 了这次的联谊活动。
2) 本公司对产品的质量问题 ______ 重视，因此您完全可以放心。
3) 注重自己的 ______ 也是对他人尊重的一种表现。
4) 经过 ______ 努力，他的汉语水平有了很大的提高。
5) 这个公司的总裁是一位 ______ 的女性。
6) 这件 ______ 很有个性。

快速阅读课文后用中文回答。

본문을 속독한 후 다음 문제에 중국어로 답하시오.

1) 本文中你印象最深刻的句子、观点是什么？
   본문 중에 가장 인상적인 구절과 관점은 무엇인가?

2) 本文中你认为最难理解的句子、段落和观点是什么？

본 문에서 가장 어려웠던 구절, 단락과 관점은 어떤 것인가?

3) 从本文中你学到了哪些你认为有用的生词和句式？

본문에서 배운 것 중 유용하다고 여겨지는 단어와 문장형식에는 어떤 것이 있는가?

4) 从本文中你了解到了哪些内容？请谈一谈你所了解的一些与中国人会晤时应注意的问题。

본문에서 어떤 내용들을 알게 되었는가? 중국인과 만날 때 주의해야 할 점에 대해 이해한 바를 말해보시오.

附录

名片实例

명함의 실례

* 뒷면은 영어임.

实例一：

中国上海鸿业贸易集团公司

刘丽华　董事长

地址：上海市虹口区168号
邮编：510079
电子信箱：liulihua @hotmail.com

电话：(021) 88687758
传真：(021) 88687759
手机：13972072166

实例二：

西北大众报

李贯中

主任记者
编辑出版部副主任

广告信息部主任
大众广告总公司总经理

地址：西安市东大街 108号
邮编：710001
电子信箱：gzzhang@nwnews.com.cn

电话：(029) 52678907890
传真：(029) 52678907891
手机：13051007890

MEMO

第 5 课

商务会晤(二)　握手、称谓

비즈니스 미팅(2)　악수, 호칭

内容概要

本课介绍：在与中国人进行商务会晤时, 如何与人握手以及人与人之间的称谓习惯等方面的相关知识。通过对握手礼仪和称谓习惯的介绍, 使你对中国人与人打交道的方法和习惯有进一步的了解, 教会你如何更好地与中国人打交道。

学习目标

1. 了解中国人握手的礼仪和称谓的习惯。
   중국인이 악수 및 호칭 매너를 초보적으로 이해한다.

2. 理解并掌握常用句式：“以……为原则”的用法。
   상용문형 ‘以……为原则’의 용법을 이해하고 익힌다.

3. 理解并掌握连词“则”的用法。
   접속사 ‘则’의 용법을 이해하고 익힌다.

4. 理解并掌握成语：“德高望重”的用法。
   성어 ‘德高望重’의 용법을 이해하고 익힌다.

5. 理解并掌握并列复句“既……，又……”的用法。
   병렬복문 ‘既……，又……’의 용법을 이해하고 익힌다.

6. 了解“出家人”、“打工仔”等文化背景知识。
   ‘出家人’, ‘打工仔’ 등의 문화적 배경 지식을 이해한다.

阅读

生词

1) 致意 zhìyì
[동] 인사하다.

2) 久别重逢
jiǔbié chóngféng
[성어] 오랜만에 재회하다.

3) 化解 huàjiě
[동] 풀리다. 없어지다.

商务会晤(二)
握手、称谓

[握手]:

握手是世界上最通行的见面礼，是人们见面时相互**致意**[1]的一种最普遍的方式。

A: 握手的使用场合：在中国，通常两人初次见面、熟人**久别重逢**[2]、告辞、送行、向别人表示祝贺、感谢、慰问、双方交谈合作成功时、双方矛盾**化解**[3]时、向别人表示支持、肯定、理解时等等，都可以握手为礼。

B: 握手时伸手的顺序：一般情况下以“尊者先伸手”为原则。如：应先由长辈、上级、老师、女士、已婚者、职位身份高者首先伸出手来，和晚辈、下级、学生、男士、未婚者、职位身份低者握手。

C: 握手的特殊规定：在接待来访者时，当客人抵达，主人应首先伸出手来与客人相握，表示“欢迎”。但当客人告辞时，则应由客人首先伸出手来与主人握别，表示“再见”。

D: 握手的要求：握手时应距对方一步远，保持站立姿势，伸出右手与对方相握。握手时目光要注视对方并面带微笑，附上问候。握住手后稍用力三五秒钟即可放开。但切忌用左手握手，也不宜**交叉**[4)]握手，不要在握手时戴手套或墨镜（女士在社交场合戴薄纱手套与人握手被允许）。握手时不可以不用力，也不可以拼命用力，握着不放等都会被认为失礼，且任何时候都不要拒绝与他人握手。

在中国，握手是最常用的，也是首选的一种打招呼的方式。因此了解中国人握手的种种习惯，就能与人很好地沟通，交往的效果也**截然**[5)]不同。

[称谓]:

称谓[6)]是指人与人交往中使用的称谓和呼语，是表达人的不同的思想感情的重要手段之一。因此，中国人非常重视称谓的礼仪。

A: 中国人的名字是：姓在先、名在后。在中国，直呼对方的名字是非常失礼的。通常，对与自己有直接或间接的血缘关系的人，有固定的称谓（如：父、母、兄、姐、弟、妹）外，对朋友、平辈和熟人可直呼对方的名字，而不称呼姓。(对尊敬的人和长辈称：您。对平辈称：你。为了表示亲切，也可在对方的姓前加上"老"、"小"字相称。如：比自己年长的称为：老钱，比自己年轻的称为：小孙等)

4) 交叉 jiāochā
[동][형] 엇갈리다. 겹치다.

5) 截然 jiérán
[형] 분명하다. 뚜렷하다.

6) 称谓 chēngwèi
[명] 명칭. 호칭.

B: 对有身份的人或年纪大的人，应称“先生”。如：李先生、王先生。

C: 对**文艺界**[7]、教育界人士以及有成就、有身份的人称“老师”。如：赵老师。

D: 对德高望重的人，称“公”或“老”。如：“刘公”、“高老”等。

E: 对普通人的称呼有：“同志”、“先生”、“小姐”、“夫人”、“太太”等，或可以其职务、职称相称。

F: 在公务和商务等正式场合，则用姓加职务、职称来称呼对方。如：李董事长、刘总经理、张教授、孙律师、吴工程师、叶主编、曹博士、王研究员、谭教练、郑医生、钱**会计**[8]、俞老师等等。

J: 另外，使用称呼时应注意：要**顾及**[9]主从关系。称呼的顺序一般是：先上后下、先长后幼、先疏后亲、先女后男。

H: 称呼的禁忌：在人际交往中，称呼他人要做到：亲切、自然、庄重、准确。一定要**回避**[10]以下几种错误的称谓，以免失敬于人。

a: 避免误读：如：姓“仇”读(qiú)不能读(chóu)、“查”读(zhā)不能读(chá)、“盖”读(gě)不能读(gài)等等。

b: 避免误会：如将未婚妇女称为“夫人”等。

7) 文艺界 wényìjiè
[명] 문화예술계.

8) 会计 kuàiji
[명] 회계사.

9) 顾及 gùjí
[동] (세심하게) 보살피다. ……까지 신경 쓰다.

10) 回避 huíbì
[동] 피하다.

c: 禁用过时的称呼：如："老爷"、"大人" 等。

d: 注意称谓的地域性：有些称呼是具有地域性的。如：北方人常称人为 "师傅"、"伙计"，而南方人称 "师傅" 等于称"出家人"，"伙计" 则是 "打工仔"。中国人称配偶为 "爱人"、孩子为 "小鬼"，而外国人则将 "爱人" 理解为 "情人"，"小鬼" 理解为 "鬼怪、**精灵**[11]"。

e: 在正式场合，也要避免用："兄弟、**铁哥们儿**[12]、姐们儿、**瓷器**[13]、**死党**[14]" 等非正式场合的称呼。此外，要避免用 "**拐子**[15]"、"**傻大个**[16]"、"**罗锅**[17]"、"**四眼**[18]"、"**麻杆儿**[19]" 等**绰号**[20]去称呼他人。

总之，使用准确庄重的称谓，既可表达对他人的尊敬，又可避免不必要的误会，使交流能顺利地进行下去。

11) 精灵 jīnglíng
[명] 정령. 도깨비.

12) 铁哥们儿 tiěgēmen'r
[명] 형제들(매우 친한 사이를 가리키는 속어).

13) 瓷器 cíqì
[명] 자기.

14) 死党 sǐdǎng
[명] 절친한 친구(비유적 의미).

15) 拐子 guǎizi
[명] 절름발이.

16) 傻大个 shǎdàgè
[명] 꺽다리.

17) 罗锅 luóguō
[명] 곱사등이.

18) 四眼 sìyǎn
[명] 안경잡이.

19) 麻杆儿 mágǎn'r
[명] 말라깽이.

20) 绰号 chuòhào
[명] 별명.

注释

1 以……为原则

意思是：把……作为说话或行事所依据的法则或标准。
'……를 말이나 행동 근거의 규칙이나 기준으로 삼다'라는 의미이다.

例 本公司以"质量第一"为原则。
본 기업은 '품질제일'을 원칙으로 삼는다.
服务行业应该以"顾客就是上帝"为原则。
서비스 업종은 '고객은 하느님'을 원칙으로 삼아야 한다.

2 则

连词 表示因果或情理上的联系。
접속사 인과나 인정 상의 관계를 나타낸다.

例 欲速则不达。
(성어) 일을 너무 서두르면 이루지 못 한다. 급히 먹는 밥이 체한다.
零件的组装必须按照顺序，反之则易出问题。
부품은 반드시 순서대로 조립하여야 하며 그렇지 않을 경우 문제가 생긴다.

③ 德高望重

成语 品德高尚，名望很重。

성어 인품과 덕성이 고매하고 명망이 높다.

例 这次，学会请到了学术界德高望重的李老为大家做报告。

이번 학회에서는 학술계에서 덕망과 명성이 높은 리라오를 모셔서 여러분에게 보고를 드리겠습니다.

那位德高望重的李教授对人亲切，平易近人。

덕망과 명성이 높은 리 교수님은 사람에게 상냥하고 누구나 쉽게 친해질 수 있다.

④ 既……，又……

并列复句 连接前后两个平等的分句，或叙述相关的事情，或说明一件事情的两个方面。

병렬복문 평등한 관계의 앞 뒤 두 절을 연결, 관련된 일을 서술하거나 한가지 일을 두 가지 측면으로 설명한다.

例 这样的穿着，既时尚，又个性，非常适合年轻人。

이런 옷차림은 유행에도 맞고 개성적이어서 젊은 사람에게 매우 적합하다.

这本汉语语法书上的解释既清楚，又准确。

이 중국어 문법책 속의 설명은 매우 분명하고 정확하기도 하다.

5 出家人

出家：离开家庭到庙宇里去做僧尼或道士。出家人：指僧尼或道士。
出家 : 집을 떠나 사원에 가서 승려나 도사가 되다. 出家人 : 승려나 도사를 가리킨다.

例 大多数出家人的背后, 都有着苦难的经历。

출가자 대부분의 배경에는 모두 고통스런 과거가 있다.

出家人的戒律是非常严格的。

출가자의 계율은 매우 엄격하다.

6 打工仔

意思是：与“雇主”相对应的, 受雇于私营企业老板的那部分人。
'고용주'에 상대되며, 민영기업주에게 고용된 사람들을 의미한다.

例 打工仔的生活应该得到人们更多的关心。

피고용자들의 생활은 더 많은 사람들의 관심을 받아야 한다.

越来越多的打工仔成为老板, 自己为自己打工。

점점 더 많은 피고용자들이 사장이 되어 스스로를 위해 일을 한다.

练习

听课文后回答问题。

다음 문장을 잘 읽고 본문 내용에 부합되면 '对', 부합되지 않으면 '错'에 체크하세요.

1) 熟人久别重逢可以握手为礼。

对　　错

2) 客人告辞时,应由主人首先伸出手来与客人握别。

对　　错

3) 握手时,为表示对对方的尊重,应用力握对方的手。

对　　错

4) 中国人并不太重视称谓的礼仪。

对　　错

5) 在公务和商务等正式场合,用姓加职务、职称来称呼对方。

对　　错

6) 在中国,称谓是全国通用的,没有地域性。

对　　错

选词填空。

다음 각 문장의 밑줄 친 부분에 알맞은 단어를 보기에서 찾으시오.

보 기	a. 化解	b. 抵达	c. 失礼	d. 截然	e. 首选	f. 过时

1) 姐妹俩人虽然长得像, 但是性格却 ______ 相反。
2) 这期间, 如果有什么 ______ 之处, 还请谅解。
3) 只要用心沟通, 没有什么误会不能 ______ 。
4) 既经济又实惠的材料是我们的 ______ 。
5) 他们这种服务理念已经 ______ 了, 需要改进。
6) 各国的代表将于明天中午 ______ 我国首都。

快速阅读课文后用中文回答。

본문을 속독한 후 다음 문제에 중국어로 답하시오.

1) 本文中你最感兴趣的句子、段落和观点是什么?
본문 중에서 가장 흥미 있었던 문장이나 단락 또는 관점은 무엇인가?

2) 本文中你认为最难理解的句子、段落和观点是什么?

본 문에서 가장 어려웠던 문장, 단락이나 관점은 무엇인가?

3) 从本文中你学到了哪些你认为有用的生词和句式?

본문에서 배운 것 중 유용하다고 여겨지는 단어와 문장형식에는 어떤 것이 있는가?

4) 从本文中你了解到了哪些内容?请谈一谈你所了解的一些中国人商务会晤时关于时间和称谓的知识。

본문에서 어떤 내용들을 알게 되었는가? 중국인과 비즈니스상 만날 때 어떤 시간대와 호칭이 적절할지에 대해 이해한 바를 말해보시오.

附录

正式、非正式场合常用的几种称谓表

社交场合	称呼的表达	举例
正式	姓或姓名 + 职衔称 / 职务 / 职业称	王教授、李上将、孙厅长、刘经理等
	姓名	吴小丽、韩磊等
	泛尊称或职业称	同志、先生、小姐、大使先生
非正式	老 / 小+姓	老王、小张等
	姓 + 辈分称呼	辛伯伯、常叔叔等
	名或名 + 同志	李俊或李俊同志

한국어

공식, 비공식 장소에서 상용하는 호칭

사교 장소	호칭 방법	예
공식	성 혹은 이름 및 성+직함명칭 / 직무 / 직업명칭	王教授, 李上将, 孙厅长, 刘经理
	이름	吴小丽, 韩磊
	존칭 혹은 직업명칭	同志, 先生, 小姐, 大使先生
비공식	老 / 小+성	老王, 小张 등
	성+항렬에 따른 호칭	辛伯伯, 常叔叔 등
	이름 혹은 이름+同志	李俊 혹은 李俊同志

第 6 课

商务会晤(三)　名片、交谈

비즈니스 미팅(3)　명함, 대화

内容概要

本课介绍：在商务会晤中，如何交换名片以及与中国人交谈时的有关礼仪。通过对交换名片和交谈礼仪的介绍，使你对如何送出和接收名片、与人交谈的方式和礼仪有一个初步的了解，帮助你顺利地与中国人打交道。

学习目标

1. 理解并掌握中国人在接受和送出名片时的礼仪和寒暄用语。
   중국인이 명함을 주고 받는 매너와 인사말을 이해하고 익힌다.

2. 理解并掌握动词 "指教"、"力求" 的用法。
   동사 '指教', '力求'의 용법을 이해하고 익힌다.

3. 理解并掌握成语："漫不经心"、"言之有理" 的用法。
   성어인 '漫不经心', '言之有理'의 용법을 이해하고 익힌다.

4. 理解并掌握常用句式："……被称为……" 的用法。
   상용문형 '……被称为……'의 용법을 이해하고 익힌다.

5. 理解并掌握假设复句 "要……, 就……" 的用法。
   조건복문 '要……, 就……'의 용법을 이해하고 익힌다.

6. 了解 "脸面" 等文化背景知识。
   '脸面' 등의 문화적 배경 지식을 이해한다.

阅读

生词

1) 随赠 suízèng
[동] (더불어) 증정하다.

2) 便函 biànhán
[명] (기관·사회단체 등의) 비공식적인 편지.

3) 应酬 yìngchou
[명][동] 접대(하다). 모임에 가다.

商务会晤（三）
名片、交谈

[名片]:

名片是社交活动中应用最广的个人必备品。名片的使用十分广泛。可利用它做自我介绍、可**随赠**[1)]鲜花或礼物，以及发送介绍信、致谢信、邀请信、慰问信等使用，还可代替**便函**[2)]、礼单、通报和留言等。

交换名片的礼节：

A: 通常，中国人递名片给他人时，会起身站立，用双手或右手，将名片正面对着对方，并递出。同时说："请多指教"、"多多关照"、"常联系"，或先做一下自我介绍。

递名片的次序是：由下级或访问者、被介绍者和位卑者先递名片给位尊者。

B: 接受他人名片：应起身双手接受，面带微笑注视对方，并说："谢谢"、"请您多关照"、"请您多指教"等谦辞敬语。

C: 名片的存放：在参加交际**应酬**[3)]之前，要提前准备好名片。名片最好放在专用的名片包、名片夹或上衣口袋里（但不可放在裤兜里）。接过他人的名片看过后，应将其精心放入自己的名片包、名片夹或上衣口袋里。切不可漫不经心地放置在一旁或忘记带走或 随便丢在包里等。接受名片者应通过动作和表情来表示对对方人格的尊敬。

E: **名片的制作规范**: 名片被称为人的第二张脸面，所以中国人对名片的样式、制作及印刷都十分讲究。

a: 中国目前流行的名片规格为：9cm×5.5cm (而在国际上较为流行的名片规格为：10cm×6cm), 通常名片以耐折、耐磨、美观、大方、色彩**淡雅**[4]的纸张作为首选材料。字体通常用标准的印刷体和楷体，两面印有中文和外文。

b: 名片的文字内容：通常指明本人**归属**[5], 企业标志、单位全称、本人称谓 (姓名、行政职务、学术头衔)、联络方式 (地址、邮政编码、电话号码等)

总之，要使名片在与中国人交往中很好地发挥作用，就应了解和掌握在公务或商务场合交换名片时的种种礼仪。

[交谈]:

交谈在日常生活和工作中运用广泛，是人际往来中交流感情、增进了解、获得有效信息的主要手段。

A: **交谈的语言规范**: 交谈往往最能体现一个人的教养。因此，在交谈中要做到言之有理、**谈吐**[6]文

[4] 淡雅 dànyǎ
[형] 단아하다.

[5] 归属 guīshǔ
[동] ……에 속하다.

[6] 谈吐 tántǔ
[명] 말투.

雅，注意运用礼貌语言，力求尊重对方和自我谦让。**粗话**[7]、**黑话**[8]不说。方言少用，外语慎用。发音准确、清晰，语速适中，口气谦和，内容简明。

B：与中国人交谈时宜选的主题： **既定**[9]的主题、内容文明、优雅、**格调**[10]高尚、**脱俗**[11]的话题和轻松的主题、时尚的主题等等。

C：交谈时切忌谈论： **个人隐私**[12]话题、**捉弄**[13]对方的话题、**非议**[14]旁人的话题、有错误倾向的话题、令人**反感**[15]的话题、只围绕自我的话题等等。

D：交谈的方式要求： 进行交谈时，双方都要神态专注、表情认真，用词委婉、含蓄，要**礼让**[16]对方，不要**独白**[17]、**冷场**[18]、**插嘴**[19]、**抬杠**[20]、否定。

F：与中国人打交道常用的礼貌用语：

初次见面说"久仰"	久未联系说"久违"
等候客人说"恭候"	客人到了说"光临"
看望别人说"拜访"	陪伴朋友说"奉陪"
起身离开说"告辞"	中途先走说"失陪"
请人批评说"指教"	请人指教说"赐教"
请人指正说"雅正"	赠送作品说"斧正"
赞人见解说"高见"	询问年龄说"贵庚"
归还原物说"奉还"	请人谅解说"包涵"

责备自己不礼貌说"失敬"没有亲自迎接客人说"失迎"等。

7) 粗话 cūhuà
[명] 막말. 저속한 말.

8) 黑话 hēihuà
[명] 은어.

9) 既定 jìdìng
[형] 기정의. 이미 정한.

10) 格调 gédiào
[명] 격조. 스타일.

11) 脱俗 tuōsú
[동] 속되지 않다.

12) 个人隐私 gèrén yǐnsī
[명] 사생활. 개인적인 문제.

13) 捉弄 zhuōnòng
[동] 놀리다. 조롱하다.

14) 非议 fēiyì
[명][동] 비난(하다). 비방(하다).

15) 反感 fǎngǎn
[명][동] 반감(을 가지다).

16) 礼让 lǐràng
[동] (예의를 갖추어) 양보하다.

17) 独白 dúbái
[명] 독백.

18) 冷场 lěngchǎng
[명] (모임에서 발언자가 없어서) 분위기가 어색한 상황.

19) 插嘴 chāzuǐ
[동] 말참견하다.

20) 抬杠 táigàng
[동] 언쟁하다.

注释

1 指教

动词，名词 客套话，用于请人对自己的工作、作品提出批评或意见。
동사，명사 인사말. 다른 이에게 자신의 일이나 작품에 대해 비평이나 의견을 구할 때 쓴다.

例 还希望您多多指教。

많은 가르침도 바랍니다.

承蒙您的指教，我才能有今天的成就。

당신의 가르침 덕분에 저에게 오늘의 성과가 있을 수 있었습니다.

2 力求

动词 意思为：极力追求；尽力谋求。
동사 '힘을 다하여 추구하고 모색한다'는 의미이다.

例 我们的口号是：力求做到最好。

우리의 구호는 '최고가 되도록 힘쓴다'이다.

我们的工人正努力地工作着，力求在最短的时间内完成任务。

우리의 일꾼들이 열심히 생산하고 있으며, 최단의 시간 내에 임무를 완성하도록 최선을 다하고 있다.

③ 漫不经心

成语 漫：随便。意思是：随随便便，不放在心上。

성어 漫: 마음대로. 아무렇게나 하면서 신경쓰지 않는다는 뜻이다.

例 他表面上漫不经心的，其实心里把轻重分得很清楚。

그가 겉으로는 신경쓰지 않는 것 같지만 마음 속으로는 (일의) 경중을 매우 분명하게 나눈다.

对待工作，漫不经心的态度是不行的。

업무에 있어 아무렇게나 하는 태도는 안 된다.

④ 言之有理

成语 意思是：所说的话自有道理。

성어 '말 자체가 이치에 닿다'는 뜻이다.

例 在辩论赛中，选手应言之有理，不能自创理论。

토론대회에서 선수는 이치에 닿는 말을 해야지 자기만의 이론을 만들어 내서는 안 된다.

老师听了他的发表后，说："虽然仍存在一些问题，但也言之有理。"

선생님은 그의 발표를 듣고 난 후 말했다. "다소 문제가 있기는 하지만 일리 있는 말이다."

5 ……被称为……

称：叫, 叫做。　为：是。　意思是：……被叫做是……。

称：부르다. 불리다. 为：……이다. '……를 ……로 부르다'라는 뜻이다.

例 美丽的春川因为湖泊多, 而被称为"湖水的城市"。

아름다운 춘천은 호수가 많아서 '호반의 도시'라 부른다.

昆明四季如春, 又被称为"春城"。

쿤밍은 사계절 내내 봄과 같아서 '봄의 도시'라 부른다.

6 要……，就……

假设复句　前一分句提出一种假设, 后一分句叙述在这一假设之下会出现的结果和状况。

가정복문　앞 절은 가정을 제시하고 뒤 절은 이 가정 하에 나타날 결과나 상황을 설명한다.

例 要想取得成功, 就必须付出努力。

성공하고 싶으면 노력해야만 한다.

要使这部机器发挥最大的效用, 就应该及时维修, 保证它时时处在最好的状态。

이 기계가 최대의 효율을 발휘하게 하려면 제때 유지 · 보수해서 항상 최상의 상황을 확보해야만 한다.

7 脸面

意思是：脸。中国人所讲的"脸面"不仅仅指头的前面部分，它是具有多种复杂含义的名词，可以理解为情面、面子等意思。

'얼굴'이란 뜻이다. 중국인이 말하는 '脸面'은 머리의 앞부분을 가리키기도 하지만, 동시에 여러 가지 복잡한 의미를 내포한 명사로 정리, 체면 등의 뜻으로 이해할 수 있다.

例 看在我的脸面上，就放过他这一次吧。

내 얼굴을 봐서 이번에는 그를 놓아 주게.

孩子这么优秀，父母的脸面上也好看。

아이가 이렇게 우수하면 부모의 얼굴도 산다.

练习

听课文后回答问题。

다음 문장을 잘 읽고 본문 내용에 부합되면 '对', 부합되지 않으면 '错'에 체크하세요.

1) 递名片给他人时，应起身站立，用双手或右手，将名片正面对着对方递出。

对　　错

2) 给他人名片时，不可以做自我介绍。

对　　错

3) 名片可以放在上衣或裤子的口袋里。

对　　错

4) 中国目前流行的名片规格与国际上的相同。

对　　错

5) 谈话中，应注意运用礼貌语言，力求尊重对方和自我谦让。

对　　错

6) 与人交谈时，非议他人的话题会增加谈话的趣味。

对　　错

选词填空。

다음 각 문장의 밑줄 친 부분에 알맞은 단어를 보기에서 찾으시오.

보 기	a. 关照	b. 应酬	c. 教养	d. 谈吐	e. 非议	f. 独白

1) 这首歌的 ______ 部分非常感人。
2) 生活中的细小方面，往往可以体现出一个人的 ______ 。
3) 非常感谢您这些日子对我的 ______ 。
4) 这部电影引起了各界的 ______ 。
5) 优雅的 ______ 是他的魅力之一。
6) 随着公司规模的扩大，他要参加的 ______ 也越来越多 。

快速阅读课文后用中文回答。

본문을 속독한 후 다음 문제에 중국어로 답하시오.

1) 本文中你最感兴趣的句子、段落是什么?
   본문 중에서 가장 흥미 있었던 문장이나 단락 또는 관점은 무엇인가?

2) 本文中你认为最难理解的句子、段落是什么？

본 문에서 가장 어려웠던 문장, 단락은 무엇인가?

3) 从本文中你学到了哪些你认为有用的生词和句式？

본문에서 배운 것 중 유용하다고 여겨지는 단어와 문장형식에는 어떤 것이 있는가?

4) 从本文中你了解到了哪些内容？请谈一谈你所了解的中国人在交换名片和与人交谈时的一些礼仪。

본문에서 어떤 내용들을 알게 되었는가? 중국인이 명함교환이나 대화를 나눌 때의 여러 매너 대해 이해한 바를 말해보시오.

附录

中国人生活中常用的礼貌用语：

A：问候语：“你(您)好”、“你(您)早”、“早上好”、“上午好”、“下午好”、“晚上好”、“晚安” 等等。

B：请托语：“请”、“有劳您(你)”、“劳驾”、“拜托”、“借光”、“烦劳”、“赏光”、“鼎力”、“俯就”、“劳您费心” 等等。

C：致谢语：“谢谢”、“多谢”、“非常感谢”、“十分感谢”、“麻烦您了”、“难为您了”等等。

D：致歉语：“对不起”、“请原谅”、“很抱歉”、“打扰了”、“真过意不去”、“失礼了”、“对不起, 让您久等了”等。

E：礼赞语：“很好”、“太好了”、“很不错”、“美极了”、“好极了”、“太棒了”、“您真了不起”、“这太出色了”等。

F：谦让语：“请用餐”、“请喝茶”、“请多指教”、“请多多关照”、“请留步”等。

G：征询语：“您有什么事吗?”、“您喜欢……吗？”、“我能为您效劳吗?”、“您需要吗?”、“我可以进来吗?”、“……您介意吗?” 等等。

H：祝贺语：“恭喜恭喜”、应者以 “同喜同喜”、“谢谢” 等表示回应。“祝您节日快乐”、“新年快乐”、“生日快乐”、“心想事成”、“寿比南山”、“福如东海”、“祝你好运”等等。

I：告别语：“再见”、“祝您一路平安、旅途愉快”、“一路顺风”、“欢迎再次光临”、“希望以后多多联系”、“后会有期”等等。

한국어

중국인이 생활 속에서 많이 쓰는 인사말

A: **안부를 물을 때:** "你(您)好(안녕하세요)", "你(您(早(이른 아침 인사)", "早上好(이른 아침 인사)", "上午好(오전 인사)", "下午好(오후 인사)", "晚上好(저녁 인사)", "晚安(안녕히 주무세요)" 등.

B: **부탁할 때:** "请", "有劳您(你)", "劳驾", "拜托", "借光", "烦劳", "赏光", "鼎力", "俯就", "劳您费心" 등.

C: **고마움을 나타낼 때:** "谢谢(고맙습니다)", "多谢(고맙습니다)", "非常感谢(대단히 감사합니다)", "十分感谢(매우 감사합니다)" "麻烦您了(번거롭게 해드렸습니다)", "难为您了(고생하셨습니다)" 등.

D: **사과할 때:** "对不起(잘못했습니다)", "请原谅(양해 바랍니다)", "很抱歉(죄송합니다)", "打扰了(폐를 끼쳤습니다)", "真过意不去(송구스럽습니다)", "失礼了(실례했습니다)", "对不起，让您久等了(오래 기다리시게 해서 죄송합니다)" 등.

E: **칭찬할 때:** "好(좋습니다)", "太好了(너무 좋습니다)", "很不错(아주 좋습니다)", "美极了(멋집니다)", "好极了(대단히 좋습니다)", "太棒了(아주 잘 했습니다)", "您真了不起(대단하십니다)", "这太出色了(너무나 뛰어납니다)" 등.

F: **권하거나 부탁할 때:** "请用餐(식사하십시오)", "请喝茶(차 드십시오)", "请多指教(많은 가르침 바랍니다)", "请多多关照(많은 보살핌 바랍니다)", "请留步(더 나오지 마십시오)" 등.

G: **상대의 의중을 묻는 말:** "您有什么事吗(무슨 일 있으세요)?", "您喜欢……吗(……를 좋아하세요)?", "我能为您效劳吗(제가 도와드려도 될까요)?", "您需要……吗(……가 필요하세요)?", "我可以进来吗(제가 들어가도 될까요)?", "……您介意吗(……도 될까요)?" 등.

H: **축하하는 말:** "恭喜恭喜(축하합니다)", 이 말을 들은 사람은 "同喜同喜(마찬가집니다)" 혹은 "谢谢(고맙습니다)" 등으로 인사한다. "祝您节日快乐(명절을 즐겁게 보내시기 바랍니다)", "新年快乐(새해 복 많이 받으세요)", "生日快乐(생일 축하해요)",

"心想事成(생각한 바를 이루시기 바랍니다)", "寿比南山(오래오래 사세요)", "福如东海(복 많이 누리세요)"; "祝你好运(행운을 빕니다)" 등.

I: **헤어질 때 하는 말**: "再见(안녕)", "祝您一路平安, 旅途愉快(여행길이 평안하고 즐겁길 바랍니다", "一路顺风(편안한 여행 되세요)", "欢迎再次光临(다음에 또 오세요)", "希望以后多多联系(앞으로 많이 연락 주세요)", "后会有期(언젠가 또 만나겠지요)" 등.

MEMO

第 7 课

商务会晤(四)　　行为举止

비즈니스 미팅(4)　　몸가짐

内容概要

本课介绍：在与中国人的商务会晤中，行为举止方面应注意的礼仪和常识。通过对本文的学习，使你能了解到，中国人对自己和他人行为举止的基本要求，教会你掌握更多的与中国人打交道的方式方法。

学习目标

1. 了解中国人 “站如松”、“坐如钟”、“行如风” 的行为规范。
   중국인의 ‘站如松’, ‘坐如钟’, ‘行如风’이라는 행동 규범을 초보적으로 이해한다.

2. 了解中国文化中一些体态语言所表示的含义。
   중국 문화 속에서 행동언어가 나타내는 의미를 초보적으로 이해한다.

3. 了解中国文化中使用体态语言的种种禁忌。
   중국 문화 속 행동언어의 여러 금기를 초보적으로 이해한다.

4. 理解并掌握常用句式：“……是指……” 的用法。
   상용문형 ‘……是指……’의 용법을 이해하고 익힌다.

5. 理解并掌握连词 “以免” 的用法。
   접속어 ‘以免’의 용법을 이해하고 익힌다.

6. 理解并掌握成语：“正襟危坐”、“摇头晃脑”、“瞻前顾后”、“摩拳擦掌”、“不可一世”的用法。
   성어 ‘正襟危坐’, ‘摇头晃脑’, ‘瞻前顾后’, ‘摩拳擦掌’, ‘不可一世’의 용법을 이해하고 익힌다.

阅读

生词

1) 姿态 zītài
[명] 자세. 모습.

2) 挺拔 tǐngbá
[형] 우뚝하다.

3) 稳健 wěnjiàn
[형] 침착하다. 온건하다.

4) 拘谨 jūjǐn
[형] (동작 등이) 어색하다. 딱딱하다.

5) 端庄 duānzhuāng
[형] 단정하다.

商务会晤(四)
行为举止

举止是指人们在外观上可以被觉察到的活动、动作以及在活动、动作中身体各部分所呈现的**姿态**[1)]。在人们的交往中，行为举止对沟通有着很大的影响。因此，中国人在公务或商务场合，特别要求每个人的举止要符合自然、轻松、优雅、敬人的行为规范。具体而言：

A: (站姿)：中国人对站姿的基本要求是"站如松"。

其意是：站得要像松树一样**挺拔**[2)]。

在商务活动中，对男士站姿的要求是**稳健**[3)]，女士的站姿则要求优雅。站立时切忌不要歪脖、屈腿等，不要下意识地做小动作，以免显得**拘谨**[4)]、缺乏自信，而且也有失于庄重。站着与人说话时，要面向宾客，保持一定的距离（与人交谈时，应保持约60厘米左右的距离），太远或太近都是不礼貌的。

B: (坐姿)：中国人对坐姿的要求是"坐如钟"，即坐相要像钟那样**端庄**[5)]。在正式的场合，要注意入座过程的基本礼节。

如：

a: 要注意顺序，优先尊长，同辈、亲友，同事关系可同时入座，但也要礼让，切忌抢先入座，因为这是严重的失礼行为。

b: 讲究**方位**[6)]：应从左侧一方入座，即“左进左出”。

c: 落座无声：即起坐要端庄稳重，悄无声息。

d: 在商务会谈等正式场合中，一定要“正襟危坐”，切忌摇头晃脑、**前仰后合**[7)]、双手乱放、腿脚失态。

C: (行姿)：中国人对行姿的要求是“行如风”。即走起路来要像风一样**轻盈**[8)]、**矫健**[9)]。走路应步伐轻快、不慌不忙、**稳重**[10)]大方。

a: 在商务或公务活动中，行姿应全身协调、匀速前进。男士应挺拔**干练**[11)]，显出阳刚之美，**步幅**[12)]通常较大，速度约为每分钟100—110步，女士则要优雅大方，显示出阴柔之美。通常步幅较小，速度约为每分钟90—100步。

b: 与尊者、贵宾或上司同行时，原则上应该在上司的左边或后边行走。

c: 在**狭窄**[13)]的通道，如遇尊者、贵宾等，则应主动站立一边让道。在正式场合应切忌行走时方向不定、瞻前顾后、速度多变、声响过大等失礼的行为。

此外，中国人在与人交谈时，会经常与对方的目光保持接触，长时间地**回避**[14)]对方的目光，是表示对对方

6) 方位 fāngwèi
[명] 방위. 방향.

7) 前仰后合 qiányǎnghòuhé
[성어] 몸을 앞뒤로 흔들다.

8) 轻盈 qīngyíng
[형] 경쾌하다. 가뿐하다.

9) 矫健 jiǎojiàn
[형] 씩씩하고 힘차다.

10) 稳重 wěnzhòng
[형] 점잖다. 중후하다.

11) 干练 gànliàn
[형] 유능하고 노련하다.

12) 步幅 bùfú
[명] 보폭.

13) 狭窄 xiázhǎi
[형] 좁다.

14) 回避 huíbì
[동] 피하다.

不感兴趣，而长时间地**凝视**[15]对方，则是失礼。

通常,说话人的视线是**俯视**[16]时，则含有“爱护、宽容”的语义；正视时，表示“理性、平等”；仰视时，表示“尊敬、期待”；“斜视”时，表示“怀疑、疑问”等。

有时，中国人还喜欢用各种手势与人交流。如：“摩拳擦掌”：表示心情**迫切**[17]；手捂心口：表示对天发誓；将手掌向前高高举起；表示证明下面所说的话都真实无误；伸出右手，**跷**[18]起大拇指，指尖向上表示称赞他人；但将右手大拇指竖起来，指尖向下指向别人，就是**藐视**[19]；将大拇指指向自己的鼻尖，表示自高自大，不可一世等含义。

总之，在商务活动中，更多地了解中国文化中体态语言的含义，既可避免犯**忌讳**[20]，又可促进交流。

15) 凝视 níngshì
[동] 응시하다.

16) 俯视 fǔshì
[동] 내려다 보다.

17) 迫切 pòqiè
[형] 절실하다. 절박하다.

18) 跷 qiāo
[동] 세우다.

19) 藐视 miǎoshì
[동] 멸시하다. 깔보다.

20) 忌讳 jìhuì
[명] 금기. 터부.

注释

1 ……是指……

意思是：意思上指着……；……的含义是……。
'의미상 ……를 가리킨다', '……의 의미는……이다'의 뜻이다.

例 所谓风骨是指人的气概、品格。

소위 '风骨'란 사람의 기개, 풍격을 가리킨다.

流行歌曲是指在一定时期内受到普遍欢迎、广泛传唱的歌曲。

유행가는 일정 시기 내에 보편적으로 인기를 끌고 널리 불려지는 노래이다.

2 以免

连词 用在下半句话的开头，表示目的是使下文所说的情况不至于发生。

접속사 뒷 절의 처음에 쓰여서 뒷 절에서 말하는 상황이 발생하지 않는 것이 목적임을 나타낸다.

例 在生产过程中应该加强安全措施，以免发生事故。

생산 과정에서 안전 조치를 강화하여 사고가 발생하지 않도록 해야 한다.

合同的条款应细致、明确，以免在出现问题时无法分清责任方。

계약 조항은 면밀하고 분명하여 문제가 발생했을 때 책임 소재가 불분명하지 않도록 해야 한다.

3 正襟危坐

成语 襟：衣襟；危坐：端正地坐着。整一整衣服，端正地坐着。形容严肃或拘谨的样子。

성어 襟: 옷깃. 危坐: 단정하게 앉다. 옷을 바로 하고 단정히 앉다. 엄숙하고 경건한 모습을 형용한다.

例 参加面试的人们都正襟危坐, 担心因为自己微小的失误而失去获得工作的机会。

면접에 참가한 사람들은 옷을 바로 하고 단정히 앉았는데, 실수로 취업 기회를 잃을까 걱정했다.

别看他平时有些随便, 但是到了正式场合, 一样是正襟危坐、有模有样的。

그가 평상시 좀 멋대로기는 하지만 공식적인 장소에서는 마찬가지로 엄숙하고 경건한 것이 그럴듯하다.

4 摇头晃脑

成语 脑袋摇来摇去。形容说话或吟诵时的姿态, 或悠然自得的样子。

성어 머리를 이리저리 흔들다. 말하거나 낭송할 때의 모습이나 유유자적한 모습을 형용한다.

例 他摇头晃脑背诵古诗的样子非常可笑。

그가 머리를 끄덕이며 고시를 읊는 모습이 몹시 우습다.

事情解决以后, 经理终于放心了, 连走路时都摇头晃脑的。

일을 해결한 후, 매니저는 마침내 부담을 덜었는지 길을 걸을 때도 흡족하여 머리를 흔들었다.

5 瞻前顾后

成语 瞻：向前看。看看前面，又看看后面。形容做事考虑周密谨慎；也形容做事考虑太多，犹豫不决。

성어 瞻: 앞을 보다. 앞을 보고, 또 뒤를 보다. 일을 하는데 세심하고 신중하게 고려함을 형용한다. 또는 일을 하는데 너무 많이 생각하여 결정을 좀처럼 내리지 못하는 것을 형용하기도 한다.

例 如果做事太过瞻前顾后，可能会丧失一些好的机会。

일을 하는데 지나치게 망설이면 좋은 기회들을 잃을 수도 있다.

领导者的决定会给很多人造成影响。所以在做决定之前一定要瞻前顾后，深思熟虑。

지도자의 결정은 많은 사람들에게 영향을 미친다. 따라서 결정을 내리기 전에 반드시 앞뒤를 살피고 심사숙고 한다.

6 摩拳擦掌

成语 挥舞拳头，擦揉手掌，准备行动或动武。形容人振奋、跃跃欲试的样子。

성어 주먹을 휘두르고 손바닥을 문지르며 행동이나 무력사용을 준비하다. 사람이 흥분하거나 안달하는 모습을 형용한다.

例 在长时间的训练之后，拳手们一个个摩拳擦掌、跃跃欲试。

장시간의 훈련 후에, 권투선수들은 하나같이 주먹을 문지르고 손을 비비며 벼르고 있다.

新进公司的几个小伙子都摩拳擦掌地准备好好工作，希望自己能有一番作为。

신입 사원 몇 명은 모두 주먹을 문지르고 손을 비비며 일을 할 준비를 하며, 스스로의 성과가 있기를 바라고 있다.

7 不可一世

成语 一世：一时。不轻易称赞同时代的人。形容人眼界极高。

성어 一世：한 시대. 동시대 사람을 좀처럼 인정하지 않다. 눈이 매우 높음을 형용한다.

例 他不可一世的性格得罪了很多人。

그의 안하무인격인 성격은 많은 사람들의 미움을 산다.

看他那不可一世的样子, 真让人讨厌。

그의 안하무인격인 모습은 정말 밉살스럽다.

练习

听课文后回答问题。

다음 문장을 잘 읽고 본문 내용에 부합되면 '对', 부합되지 않으면 '错'에 체크하세요.

1) 行为举止对人与人之间的关系没有什么影响。

对　　错

2) 下意识地做小动作会显得拘谨、缺乏自信。

对　　错

3) 在正式的场合，要注意入座过程的基本礼节。

对　　错

4) 在正式的场合，入座的方位是："左出左进"。

对　　错

5) 与尊者、贵宾或上司同行时，原则上应该在上司的左边或后边行走。

对　　错

6) 为表示对对方的尊重，应该长时间地凝视对方。

对　　错

选词填空。

다음 각 문장의 밑줄 친 부분에 알맞은 단어를 보기에서 찾으시오.

보 기	a. 拘谨	b. 前仰后合	c. 轻盈	d. 矫健	e. 回避	f. 迫切

1) 初次见面时，他有些______，不怎么说话。
2) 学业完成之后，他回国报效祖国的心情非常______。
3) 他的笑话把大家逗得______的。
4) 遇到问题就要想办法解决，一味的______是没有用的。
5) 经理迈着______的步伐走进了会场。
6) 舞会上，她妙曼的身姿和______的舞步吸引了很多男士的眼光。

快速阅读课文后用中文回答。

본문을 속독한 후 다음 문제에 중국어로 답하시오.

1) 本文中你最感兴趣的句子、段落是什么？

본문 중에서 가장 홍미 있었던 문장이나 단락 또는 관점은 무엇인가?

2) 本文中你认为最难理解的句子、段落是什么？

본 문에서 가장 어려웠던 문장, 단락은 무엇인가?

3) 从本文中你学到了哪些你认为有用的生词和句式？

본문에서 배운 것 중 유용하다고 여겨지는 단어와 문장형식에는 어떤 것이 있는가?

4) 从本文中你了解到了哪些内容？请谈一谈你所了解的一些中国人的行为规范和行为习惯。

본문에서 어떤 내용들을 알게 되었는가? 중국인이 행동규범과 행위 습관에 대해 이해하고 이야기를 나눈다.

附录

幽默汉语（一则）：说跑了客人

王先生常常因为说话欠考虑而得罪人。有一次，他请A、B、C、D四位客人吃饭。约定的时间已过，客人D还没到。王先生埋怨说："该来的还不来"。旁边的A先生听后想："他说该来的D还不来？那我就是不该来的了"。于是便起身告辞了。

王先生看见A先生走了，就着急地说："你看，不该走的又走了"。B先生听后想："A是不该走的，那么我就是该走的了"。于是也离开了。

王先生急得大声对B先生喊道："你别误会，我不是说你"。C先生一听想："你不是说B先生，那就是说我是该走的"，于是也走了。

结果，王先生因不懂交谈的技巧，而得罪了所有的客人。

한국어

유모 중국어(1): 손님

왕 선생은 말을 생각 없이 하는 통에 남에게서 미움을 곧잘 산다. 한번은 그가 같이 식사를 하려고 A, B, C, D 등 4명을 손님으로 초대했다. 약속시간이 이미 지났는데도 손님D가 아직 도착하지 않았다. 왕 선생이 불평했다. “와야 할 사람이 아직도 안 왔네.”

옆에 있던 A가 이 말을 듣고 생각했다. ‘와야 할 D가 아직도 안 왔다고? 그렇다면 나는 와야 할 사람이 아닌가 보군.’ 그래서 그는 곧 자리를 떠났다.

왕 선생은 A가 가는 것을 보고 급한 마음에 말했다. “저것 보라고, 가서는 안 될 사람이 또 가는 군.”

B가 이 말을 듣고 생각했다. ‘A가 가서는 안 될 사람이라며, 내가 가야 할 사람인가 보군.’ 그래서 그도 자리를 떴다.

왕 선생은 급한 김에 큰소리로 B에게 말했다. “오해하지 마시게. 자네를 말한 게 아닐세.”

C는 이 말을 듣자마자 생각했다. ‘B를 말한 것이 아니라면 나더러 가라는 말이지.’ 그래서 그도 떠났다.

결국 왕 선생은 대화 기교에 서투른 나머지 모든 손님들을 화나게 만들었다.

第 8 课

商务接待

비즈니스 접대

内容概要

本课介绍：中国人在商务接待活动中的一些礼仪知识。并通过对相关礼仪的介绍，使你对中国商务文化知识中的“待客之道”能有一个初步的了解，教会你如何与中国人打交道，帮助你在中国的商务活动中取得成功。

学习目标

1. 初步了解中国商务接待的礼仪。
   중국 비즈니스 접대 관련 매너를 초보적으로 이해한다.

2. 理解并掌握常用句式："……素有……之美誉" 的用法。
   상용문형인 '……素有……之美誉'의 용법을 이해하고 익힌다.

3. 理解并掌握介词 "对于" 的用法。
   개사 '对于'의 용법을 이해하고 익힌다.

4. 理解并掌握常用句式："以……为……" 的用法。
   상용문형인 '以……为……'의 용법을 이해하고 익힌다.

5. 理解并掌握连词 "无论"、"不管" 的用法。
   접속사 '无论', '不管'의 용법을 이해하고 익힌다.

6. 理解并掌握连词 "从而" 的用法。
   접속사 '从而'의 용법을 이해하고 익힌다.

7. 理解并掌握常用词语 "闹笑话" 的含义和用法。
   상용어 '闹笑话'의 뜻과 용법을 이해하고 익힌다.

8. 理解中国文化习俗中有关花木语言的象征意义。
   중국의 문화적 관습과 관련된 꽃이나 나무의 상징적 의미를 이해한다.

阅读

商务接待

中国素有"礼仪之邦"之**美誉**[1)]。因此中国人非常注重"**待客之道**[2)]"。"待客之道"的**核心**[3)]就是主随客变，待客以礼。具体而言：

A、接待礼仪：

在商务活动中，中国人通常会提前做一些必要的准备工作（如定好客人**下榻**[4)]的宾馆及**膳食**[5)]，准备车辆等等）。对于重要的客人和初次来访的客人，主人会提前**恭候**[6)]在其**抵达**[7)]的机场、港口、车站，或是其下榻的宾馆，并会事先告知对方。

当客人下飞机（车、船）后，主人会立即上前迎接，并由**接待**[8)]一方的翻译将迎接者按身份高低向来宾一一介绍，双方行握手礼，同时说："欢迎、欢迎"，"一路上辛苦了"，"见到您真高兴"等欢迎语和问候语。若是双方第一次见面，还会准备**站牌**[9)]和一些迎宾的鲜花（但忌用杜鹃花、菊花或黄花，以免误会或闹笑话）。从机场到下榻地，一般会安排迎接人员**陪同**[10)]乘车。

B、乘坐礼仪：

轿车座次通常为：

生词

1) 美誉 měiyù
[명] 명성. 찬미.

2) 待客之道
dàikè zhī dào
손님을 대하는 방법

3) 核心 héxīn
[명] 핵심.

4) 下榻 xiàtà
[동] 투숙하다.

5) 膳食 shànshí
[명] 식사. 음식.

6) 恭候 gōnghòu
[동] 공손히 기다리다.

7) 抵达 dǐdá
[동] 도착하다.

8) 接待 jiēdài
[명][동] 접대(하다).

9) 站牌 zhànpái
[명] 푯말. 표지.

10) 陪同 péitóng
[동] 수행하다.

1) 双排座、三排座的小轿车, 如由主人亲自驾驶, 一般以前排为上, 后排为下。如图:

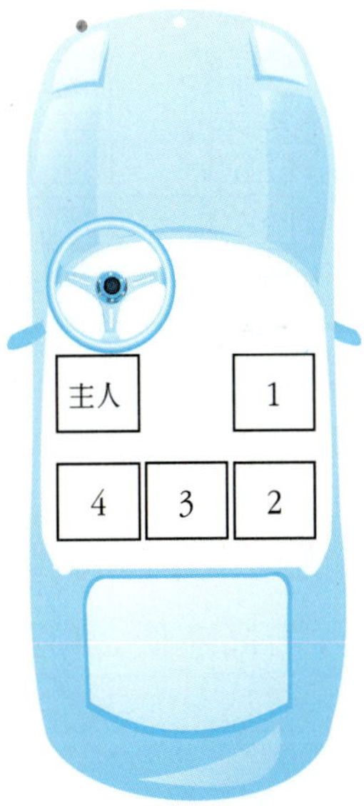

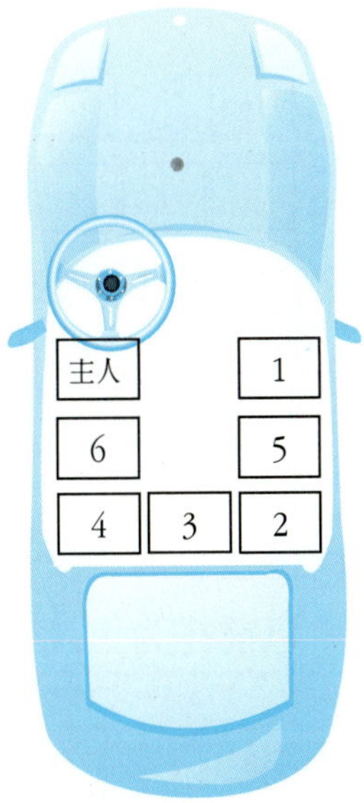

如由**专职**[11]司机驾驶, 通常后排为上, 前排为下, **以右为"尊"**[12], **以左为"卑"**[13]。如图:

[11] 专职 zhuānzhí
[명] 전담.
[12] 以右为尊
yǐ yòu wéi zūn
오른쪽이 상석이다
[13] 以左为卑
yǐ zuǒ wéi bēi
왼쪽이 하석이다.

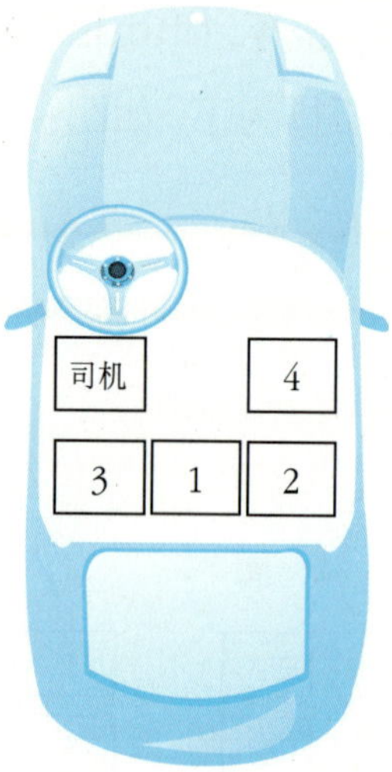

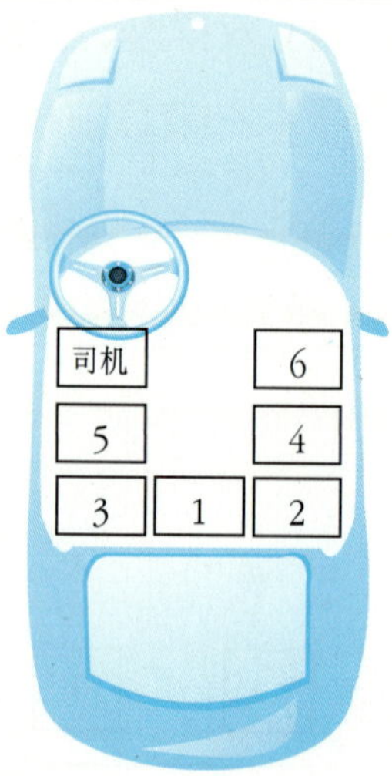

2) 多排座的**中型**[14]轿车，无论由任何人驾驶，均以前排为上，后排为下，右高左低。如图：

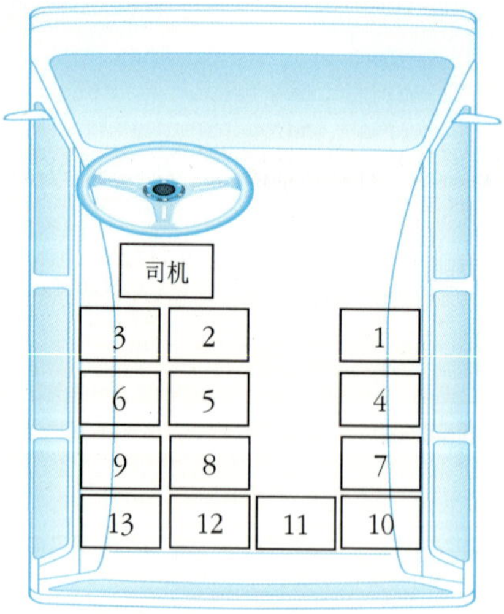

3) **吉普车**[15]，不管由谁驾驶，其座次**尊卑**[16]依次为：

[14] 中型 zhōngxíng
[명] 중형.

[15] 吉普车 jípǔchē
[명] 지프(JEEP).

[16] 尊卑 zūnbēi
[명] (신분의) 고하.

副驾驶座、后排右座、后排左座。如图：

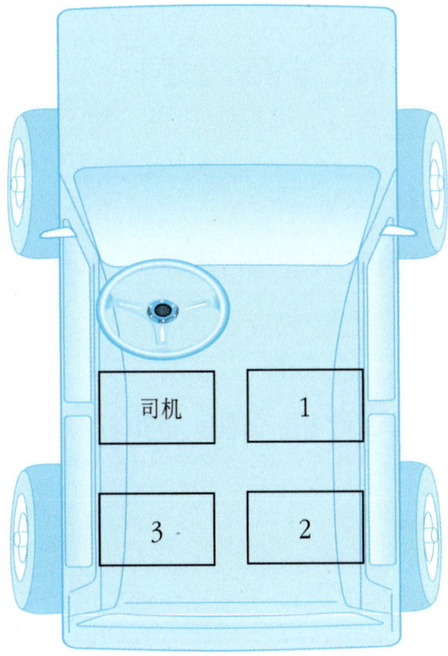

C、日程安排：

当你计划去中国出差时，请提前做好准备工作。你应先跟**目的地**[17)]的商业伙伴取得联系，把你的日程表事先寄给对方，征求他们的意见，再安排你具体的日程。

通常中国人的商务活动日程安排包括：机场迎接、宾馆下榻、商务宴请、**会晤**[18)]**洽谈**[19)]、旅游参观、**饯行**[20)]告别等。

在去中国洽谈生意时，宴请和游览活动都是日程安排中非常重要的内容。商家会通过此类活动，来增进双方的感情，从而促进商务合作的进一步发展。

17) 目的地 mùdìdì
[명] 목적지.

18) 会晤 huìwù
[명] 회견.

19) 洽谈 qiàtán
[명][동] 협의(하다).
교섭(하다).

20) 饯行 jiànxíng
[동] 송별연을 열다.

注释

1 ……素有……之美誉

素：向来。向来有…… 的美好名誉、名声。

素：예로부터. 예로부터 ……라는 예찬, 명성을 들었다.

例 江南素有“鱼米之乡”之美誉。

강남(중국 양자강 이남 지역)은 예로부터 '물고기와 쌀이 풍성한 곳(살기 좋은 땅).' 이라는 명성을 들었다.

上海素有 “东方明珠” 之美誉。

상하이는 예로부터 '동방의 보배'라는 예찬을 들었다.

2 对于

介词 引进对象或事物的关系者。

개사 대상이나 사물에 관련된 것을 끌어 들임.

例 对于公共设施，我们应该爱护。

공공시설을, 우리는 아껴야만 한다.

对于这个问题大家的意见是一致的。

이 문제에 관해, 모두의 의견은 일치한다.

3 以……为……

以：拿；用。　为：是。　把……作为……。

以：……를 가지고. ……로써.　为：이다.　……를 ……로 삼다.

例 在中国传统的文化中，一般“以右座为尊”。

중국 전통 문화 속에서는 일반적으로 ‘오른쪽 자리를 상석으로 삼는다’.

我们应该以他为榜样，努力学习，争取更好的成绩。

우리는 그를 모범으로 삼아 열심히 공부하여 더 좋은 성과를 얻도록 노력해야 한다.

4 无论

连词　表示条件不同而结果不变。

접속사　조건은 다르지만 결과는 변함 없음을 나타낸다.

例 无论是刮风还是下雨，哥哥都会去学校接她。

바람이 불든지 비가 오든지 오라버니는 항상 학교에 그녀를 마중 나갔다.

无论遇到什么样的困难，我们都要坚持下去。

어떤 역경에 맞닥뜨리더라도 우리는 버텨나가야 한다.

5 不管

连词 表示在任何条件或情况下结果都不会改变，后边常有“都”、“也”等副词与它相对。

접속사 어떤 조건이나 상황 하에서도 결과가 변하지 않음을 나타내며, 뒤에 자주 ‘都’, ‘也’ 등의 부사어가 와서 호응한다.

例 不管远不远我都要去。

멀든 가깝든 나는 가겠다.

不管成功还是失败，我都会支持你的。

성공하든 실패하든 나는 너를 지지할 것이다.

6 从而

连词 上文是原因、方法等，下文是结果、目的等　因此就。

접속사 앞 절은 원인, 방법 등을, 뒤 절은 결과, 목적 등을 나타냄. 따라서 ……하다.

例 希望通过这次会晤，增进我们双方的了解，从而为今后的合作奠定基础。

이번 회견을 통해 서로 간의 이해를 증진하여 향후 협력의 기초를 다지기 바란다.

交通事业的迅速发展，缩短了世界各国的距离，从而为国际贸易的进一步发展提供了平台。

교통의 빠른 발전으로 세계 각국과의 거리를 좁힘으로써 국제 무역이 더 한층 발전하는 틀을 마련했다.

7 闹笑话

是指因粗心大意或缺乏知识经验而发生的可笑的错误。

세심하지 못하거나 지식 및 경험이 부족하여 해프닝을 빚는 것을 가리킨다.

例 我刚到南方工作时, 因为听不懂方言, 常常闹笑话。

내가 일을 하러 막 남쪽 지방에 갔을 때, 사투리를 못 알아 들어서 자주 우스꽝스런 일이 생겼다.

工作时应该认真、细心, 否则就会出错或者闹笑话。

일할 때는 진지하고 세심해야 하며, 그렇지 않을 경우 실수나 웃음거리를 만들어 낼 수 있다.

8 中国文化习俗中的有关花木语言:

중국의 문화적 관습과 관련 있는 꽃과 나무

在中国文化习俗中, 一些花木拥有语言含义。如本文中提及的 : 准备迎宾的鲜花, 忌用杜鹃花、菊花或黄花等。

这是因为 : 杜鹃花 — 表示节制　而菊花、黄花则表示悲哀之意。

此外 : 白百合花 — 表示纯洁　蓝紫罗兰 — 表示诚实

水仙 — 表示尊敬　红菊 — 表示我爱　紫丁香 — 表示初恋　玫瑰 — 表示爱情

橄榄 — 表示和平　牡丹 — 表示富贵　兰花 — 表示高尚　荷花 — 表示清白

桃李 — 表示门生　竹 — 表示气节　梅 — 表示刚强　红豆 — 表示相思

桑梓 — 表示故乡　冬青 — 表示喜悦　紫藤 — 表示欢迎

黄郁金香 — 表示爱的绝望　红康乃馨 — 表示伤心　万寿菊 — 表示嫉妒、悲哀

豆蔻 — 表识别离　杏花 — 表示疑惑　黄康乃馨 — 表示轻蔑等等。

중국의 문화적 습관에서 몇몇 꽃과 나무에는 숨겨진 의미가 있다. 예를 들어 본문에서 언급한 것처럼, 손님을 맞이할 때 준비하는 생화로 진달래, 국화 등은 피한다. 진달래는 절제를, 국화는 슬픔을 의미하기 때문이다. 그 외에도, 흰색 백합은 순결, 남색 스톡(비단향꽃무)는 성실, 수선화는 존경, 붉은 국화는 사랑, 라일락은 첫사랑, 장미는 사랑, 올리브는 평화, 모란은 부귀, 난꽃은 고상함, 연꽃은 청백, 복숭아와 오얏나무는 문하생, 대나무는 기개, 매화는 강직함, 팥은 사모, 상수리와 가래나무는 고향, 감탕나무는 기쁨, 보라색 등나무 꽃은 환영, 노란 튜울립은 절망적인 사랑, 붉은 카네이션은 상심, 수국은 질투와 슬픔, 육두구는 이별, 살구꽃은 의혹, 노란 카네이션은 경멸을 나타낸다.

练习

听课文后回答问题。

다음 문장을 잘 읽고 본문 내용에 부합되면 '对', 부합되지 않으면 '错'에 체크하세요.

1) 中国素有"礼仪之邦"之美誉。

对　　错

2) 在商务活动中，中国人一般不会提前做准备工作的。

对　　错

3) 双排座、三排座的小轿车，如由主人亲自驾驶，一般以后排为上，前排为下。如由专职司机驾驶，通常前排为上，后排为下，以右为"尊"，以左为"卑"。

对　　错

4) 多排座的中型轿车，无论由任何人驾驶，均以前排为上，后排为下，右高左低。

对　　错

5) 如果你计划去中国出差，不必事先告知中国的贸易伙伴，而可直接前往。

对　　错

6) 宴请和游览活动都是中国人商务活动日程安排中非常重要的内容。

对　　错

选词填空。

다음 각 문장의 밑줄 친 부분에 알맞은 단어를 보기에서 찾으시오.

보 기	a. 下榻	b. 恭候	c. 抵达	d. 接待	e. 专职	f. 饯行

1) 结婚生子之后，她成为了一个 ______ 的家庭主妇。
2) 那个歌星 ______ 的宾馆前，聚集了许多的歌迷。
3) 如果您有什么需要，请通知我们的 ______ 人员。
4) 下午的谈判结束后，我公司会设宴为各位 ______ 。
5) 届时，我会在公司 ______ 您的光临。
6) 检查团将于十日上午 ______ 我市，并开始为期三天的检查工作。

快速阅读课文后用中文回答。

본문을 속독한 후 다음 문제에 중국어로 답하시오.

1) 本文中你最感兴趣的句子、段落是什么？
본문에서 가장 흥미롭게 느낀 문장이나 단락은?

2) 本文中你认为最难理解的句子、段落是什么?

본문에서 가장 난해했던 문장이나 단락은?

3) 从本文中你学到了哪些你认为有用的生词和句式?

본문에서 배운 것 중 유용하다고 여겨지는 단어와 문장형식은 무엇입니까?

4) 从本文中你了解到了哪些内容? 请谈一谈你所了解的中国人在商务接待活动中的一些相关知识。

본문 속에서 어떤 내용을 이해하게 되었나요? 중국인의 비즈니스 접대와 관련하여 알게 된 지식을 말해 보세요.

日程安排表实例

韩国汉阳株式会社贸易代表团访华日程表

3月3号：(星期五)

上午　10时　　：抵达中国上海（上海鸿业贸易公司业务代表前往机场迎接）
　　　10时30分：前往香格里拉宾馆
　　　12时　　：在饭店进午餐
下午　2时　　 ：会见鸿业公司刘总经理
　　　2时30分 ：参观工厂
　　　6时30分 ：欢迎宴会（刘总经理在上海国际俱乐部宴请）

3月4号：(星期六)

上午　10时　　：韩方业务代表与刘总经理进行洽谈
　　　12时　　：工作午餐
下午　2时　　 ：韩方业务代表与刘总经理商议合同草案
　　　3时30分 ：正式签订合同
晚上　7时　　 ：观看京剧演出

3月5号：(星期天)

上午　8时　　 ：前往浦东金贸大厦和东方明珠等地参观
　　　12时　　：在《上海人家本帮菜馆》进午餐
下午　2时　　 ：前往外滩参观
晚上　7时　　 ：告别宴会（香格里拉宾馆二楼宴会厅）

3月6号：(星期一)

上午　10时　　：离开上海（鸿业公司业务代表送往机场）

한국어

한국 한양주식회사 무역대표단 중국 방문 일정표

3월 3일: (금요일)

오전 10시 : 중국 상하이(상하이 홍예무역 실무대표 공항 영접)
10시 30분 : 샹그릴라 호텔
12시 : 호텔에서 오찬
오후 2시 : 홍예 리우 사장과 접견
2시 30분 : 공장 참관
6시 30분 : 환영만찬(리우 사장 주최, 상하이 인터네셔널 클럽)

3월 4일: (토요일)

오전 10시 : 한국측 실무대표와 리우 사장 간의 협의
12시 : 실무오찬
오후 2시 : 한국측 실무대표와 리우 사장 간의 계약 초안 상의
3시 30분 : 계약 공식 체결
저녁 7시 : 경극 관람

3월 5일: (일요일)

오전 8시 : 푸둥 진마오다샤 및 동팡밍주 등 참관
12시 : 〈上海人家本帮菜馆〉에서 오찬
오후 2시 : 와이탄 참관
저녁 7시 : 송별 연회(샹그릴라 호텔 2층 연회장)

3월 6일: (월요일)

오전 10시 : 상하이 출발(홍예 업무대표 공항 배웅)

第 9 课

会议接待

회의 접대

内容概要

本课介绍：中国人在商务会议接待中的一些礼仪知识。通过对相关礼仪的介绍，使你对中国商务文化知识中的商务会议接待礼仪能有一个初步的了解，为你在中国进行的商务活动提供帮助。

学习目标

1. 初步了解中国商务会议接待的礼仪。
   중국 비즈니스 회의 접대 매너를 초보적으로 이해한다.

2. 理解并掌握并列复句："是……，也是……" 的用法。
   병렬복문인 '是……, 也是……'의 용법을 이해하고 익힌다.

3. 理解并掌握成语："落落大方、哗众取宠、喧宾夺主"的用法。
   성어 '落落大方、哗众取宠、喧宾夺主'의 용법을 이해하고 익힌다.

4. 理解并掌握动词 "切忌" 的用法。
   동사 '切忌'의 용법을 이해하고 익힌다.

5. 理解并掌握连词 "但" 的用法。
   접속사 '但'의 용법을 이해하고 익힌다.

6. 理解并掌握文化背景知识 "出迎三步，身送七步" 的含意。
   문화적 배경 지식으로 '出迎三步, 身送七步'의 의미를 이해하고 익힌다.

7. 了解相关的文化背景知识 "中国的名茶"。
   관련 문화적 배경 지식인 '中国的名茶'를 이해하고 익힌다.

阅读

生词

1) 布置 bùzhì
[명][동] 배치(하다).

2) 沟通 gōutōng
[동] 소통하다.

3) 切勿 qièwù
절대 ……하지 마라.

4) 规范 guīfàn
[명] 본보기. 규범.

5) 得体 détǐ
[형] (신분에) 걸맞다. 제격이다.

6) 一言一行 yīyányīxíng
말 한 마디 행동 하나

7) 落落大方 luòluò dàfāng
솔직하고 구애됨이 없다. 대범하다.

8) 遵守 zūnshǒu
[동] 준수하다. 지키다.

9) 倾听 qīngtīng
[동] 경청하다.

10) 随意 suíyì
[동] 멋대로 한다.

11) 不告而退 bùgào ér tuì
말없이 가버리다.

12) 签到 qiāndào
[동] 출석 서명을 하다.

会议接待

会议是洽谈商务、布置[1)]工作、沟通[2)]交流的重要方式，也是现代经济社会中的一项重要的商务活动。

在参加中国人举办的商务会议中，通常要注意以下几点：

A、准时到会：通常应提前15分钟左右到会场，切勿[3)]迟到。

B、规范[4)]着装：男士应穿西装、打领带，女士应穿西装套裙或其它正装。

C、言行得体[5)]：应注意自己的身份、地位，力求一言一行[6)]都自然得体、落落大方[7)]，切忌哗众取宠或喧宾夺主。

D、遵守[8)]纪律：在开会的过程中，应认真倾听[9)]，不要开呼机或手机。不要随意[10)]走动、不告而退[11)]。

E、应提前准备好会议资料，并提前到达会场签到[12)]。

F、应由会议接待人员引入会场入座（或先去休息室，会议开始几分钟前再到座席就座）。在休息室就座时，应注意座次安排。通常：长沙发优于单人沙发，沙发椅优于普通椅子，较高的座椅优于较低的椅子，距离门远为最佳位置。如图所示：

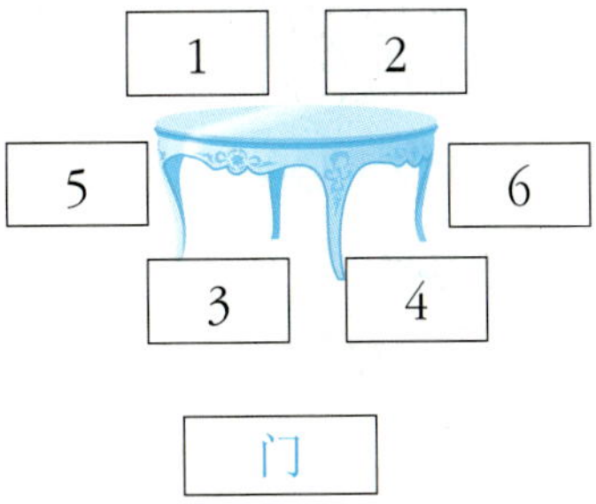

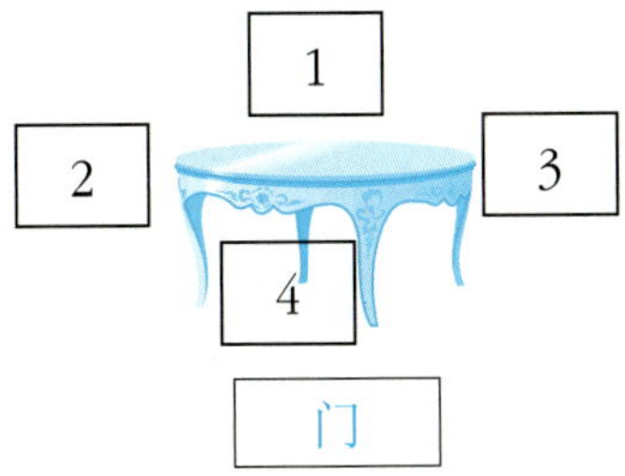

[G] 当与会者坐下后，接待人员会及时奉上[13]茶、咖啡或饮料等。

中国人上茶、接茶时讲究顺序：一般应为：先客后主、先女后男、先长后幼。递茶时要用双手，茶杯把儿要放在客人的右手处。倒茶要轻而规范，杯盖的内口不能接触桌面，手指不能按住杯口，茶水倒至七八分满为宜。(切忌不要用一只手上茶，特别是左手，切忌让手指碰到杯口，要及时续[14]水，不能等到茶叶见底后再续。)

[H] 会议的座席安排，讲究礼宾次序。圆桌或椭圆[15]形桌子为会议桌时，座席安排主人和来宾相对而坐，来宾席应朝南或朝门口的方向。如图：

13) 奉上 fèngshàng
[동] 드리다. 올리다.

14) 续 xù
[동] 더하다. 보태다.

15) 椭圆 tuǒyuán
[명] 타원.

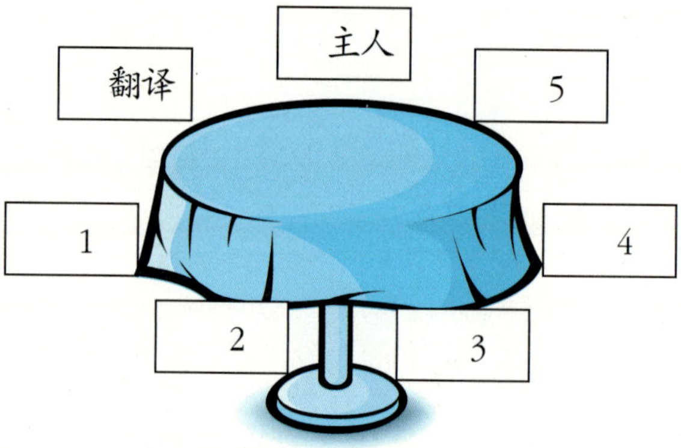

长桌型会议桌座次：

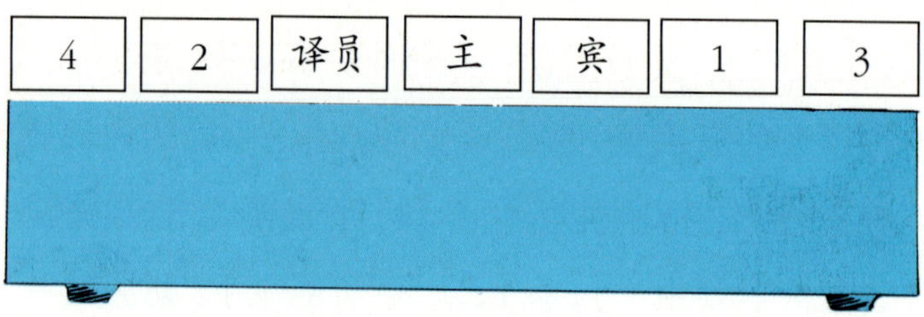

主席台座次安排：中国传统的“以左为尊”这一礼节，最为明显地保留在主席台座次安排上，即主席坐于中间，第一副职坐于其左侧，第二副职坐于其右侧，依此**类推**[16)]。如图：

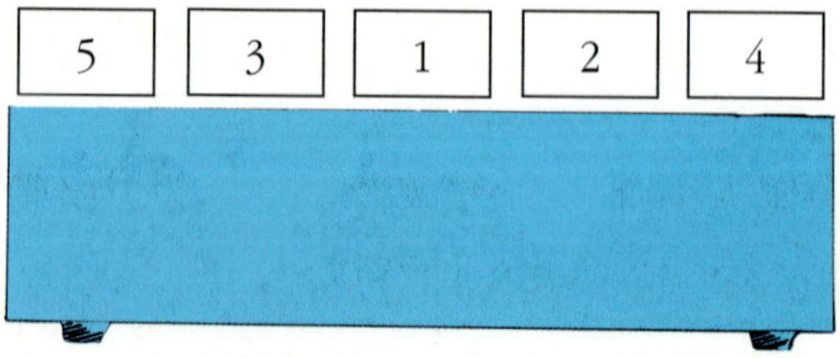

16) 类推 lèituī
[동] 유추하다.

I、合影留念时，也要注意座次的安排。通常由主人居中，主人的右侧为第一主宾的位置，左侧为第二主宾，双方的其他人员**相间**[17]排列，两端的位置不留给客方。如图：

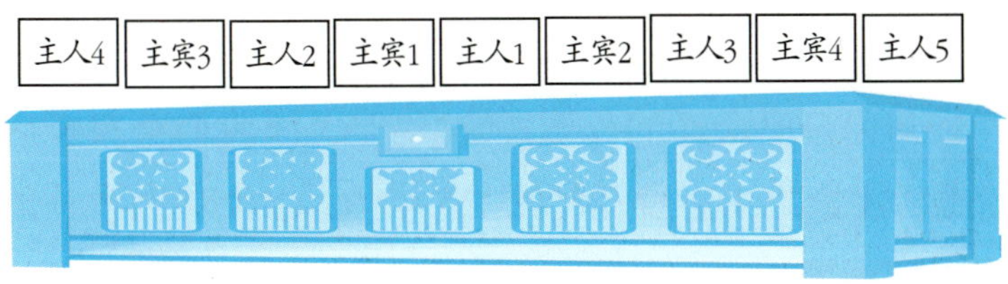

J、送客礼仪：当生意谈妥或会议结束时，双方应同时站起来，握手道别之后离开。主人通常会说："非常感谢您的到来，我们会尽快再与您联系**洽商**[18]的"等等。

同时中国人也非常注重送客礼节，如常言所说的："出迎三步，身送七步"。主人会起立相送，但应由客人先伸手握别。主人还会说"请走好"、"再见"、"欢迎下次再来"等，并送客人至门外、电梯口或轿车旁，挥手告别，目送客人的车子开出**视野**[19]后才转身回去。

总之，了解中国人进行商务会议时所使用的礼仪，并能遵守一系列会议**环节**[20]的要求，就能收到满意的会议效果。

17) 相间 xiāngjiàn
[동] 번갈다.

18) 洽商 qiàshāng
[동] (비즈니스 상의) 협상하다.

19) 视野 shìyě
[명] 시야.

20) 环节 huánjié
[명] 일환. 부분.

注释

① 是……, 也是……

并列复句 表示某一事物同时具有前一分句和后一分句的性质。

병렬복문 어떤 사물이 동시에 앞 절과 뒤 절의 성질을 모두 지니고 있음을 나타낸다.

例 这是关系到你自己命运的重要决定, 也是关系我们全家今后生活的重要决定。

이것은 당신 자신의 운명과 관련된 중요한 결정이자 우리 전가족의 향후 생활과도 관련된 중요한 결정이다.

这部电影是这位导演的处女作, 也是他的成名作。

이 영화는 이 감독의 처녀작이자 그가 명성을 얻게 된 작품이다.

② 切忌

动词 切实避免或防止。

동사 반드시 피하거나 삼가 하다.

例 学习切忌骄傲自满。

교만 · 자만을 삼가는 방법을 배우다.

在公共场合切忌做出妨害他人的举动。

공공장소에서는 다른 사람을 방해하는 행동을 삼가 한다.

③ 落落大方

成语 落落：形容举止坦然自然。形容言谈举止自然大方。

성어 落落：행동거지가 솔직하고 자연스러움. 말이나 행동이 자연스럽고 대범함을 형용한다.

例 她的气质优雅，举止也落落大方，很是招人喜爱。

그녀는 분위기가 우아하고, 행동이 자연스러워서 사람들의 호감을 산다.

在参加商务会议洽谈时，与会人员应做到：谈吐文雅，举止落落大方。

비즈니스 회의 협상에 참석할 때, 참석자들은 점잖은 말투를 쓰고 자연스럽게 행동해야 한다.

④ 哗众取宠

成语 用言论行动迎合众人，以博得好感或拥护。

성어 대중이 좋아하는 언행으로 호감과 지지를 받다.

例 说到底，他只不过是个哗众取宠的小丑罢了。

탁 터놓고 말하자면, 그는 인기에 영합하려는 어릿광대에 불과하다.

虽然没什么真才实学，但是他还是以哗众取宠的方式赢得了不少选票。

이렇다 할 재주와 학식은 없지만, 대중의 인기에 영합하는 방식으로 그는 적잖은 표를 얻었다.

5 喧宾夺主

成语 喧：声音大而嘈杂。客人的声音压倒了主人的声音。比喻主次颠倒，或外来的、次要的事物占据了原有的、主要的事物的位置。

성어 喧：소리가 크고 시끄럽다. 손님의 목소리가 주인의 목소리 보다 크다. 주객이 전도되거나 외부에서 온 것, 부차적인 사물이 기존의 것, 주된 사물의 위치를 차지함(굴러온 돌이 박힌 돌 뺀다)을 비유한다.

例 他极力地表现自己，大有喧宾夺主的味道。

그가 자신을 과시하려고 애를 쓰는 것이 주객이 전도된 느낌이 크다.

在这场比赛中，客队表现出色，大有喧宾夺主之势。

이번 시합에서 원정팀이 뛰어난 실력을 보임으로써 홈팀의 기세를 꺾었다.

6 但

连词 但是。表示转折。

접속사 그러나. 전환관계를 나타낸다.

例 房间虽小，但挺干净的。

방은 작지만 매우 깨끗했다.

工作虽然忙，但每一天都过得很充实。

일은 바쁘지만 하루하루를 충실하게 보낸다.

7 出迎三步，身送七步

“出迎三步, 身送七步” 是迎送宾客最基本的礼仪, 又叫“迎三步, 送七步”。在中国传统的待客礼仪中, 认为送客应该比迎客更加注重礼貌。因此, 每次见面结束时, 主人都应以将再次见面的心情来恭送对方回去。

‘出迎三步, 身送七步’는 손님을 마중하고 배웅하는 기본적인 예의이며, ‘迎三步, 送七步’이라 하기도 한다. 중국에서 손님을 대하는 전통적인 예절에서, 손님 배웅하기는 영접하기 보다 더 예의를 갖춰야 한다고 본다. 따라서 매번 만남이 끝날 때마다 다시 본다는 마음가짐으로 공손하게 상대방을 배웅해야 한다.

例 “出迎三步,身送七步”是迎送宾客最基本的礼仪。

‘마중이 세 걸음이면 배웅은 일곱 걸음’은 손님을 마중하고 배웅하는 가장 기본적인 예의이다.

待客时, 要做到 “出迎三步, 身送七步”, 以表示对客人的尊敬。

손님을 대할 때, ‘마중이 세 걸음이면 배웅은 일곱 걸음’을 실천하여 손님에 대한 존경으로 나타낸다.

8 中国的名茶 중국의 명차

在中国的会议和其他接待活动中, 接待人员通常会先奉上好茶相待。这是因为 “中国是茶的故乡”。中国是茶叶的原产地。早在古代, 人们采集野生茶叶是用来当作药用的, 后来才做饮料, 以后又逐渐学会了种茶树。中国茶叶的品种很多, 大的品种有: 红茶 (又叫发酵茶)、绿茶 (不发酵茶)、乌龙茶 (半发酵茶)、花茶 (是用红茶、绿茶、乌龙茶作原料, 用各种花熏制而成的)、白茶 (用几种特殊的茶叶混在一起焙干而成)、紧压茶 (把各种毛茶搭配在一起, 蒸压处理而成的)等等。

中国的名茶很多，其中：红茶 — 以祁门红茶最为有名。绿茶 — 西湖龙井、苏州碧螺春、黄山毛峰、六安瓜片等最著名。乌龙茶 — 以福建武夷岩茶最为有名。花茶 — 福建的茉莉花是“魁首”。白茶 — 以福建省北部的白毫银针为上品。紧压茶 — 以云南省南部的“普洱茶”和广西壮族自治区所产的“六堡茶”最著名。

茶的功效很多。它可有药效、醒酒、消食、化痰、提神、健身等作用，所以在中国，喝茶已成为许多人的一种习惯。通常：北方人爱喝“花茶”、南方人爱喝“绿茶”、北京、上海、天津、杭州等地的人喜欢喝“龙井茶”和“碧螺春”。福建、广州的人爱喝“乌龙茶”，少数民族人爱喝“紧压茶”。蒙古人喜欢喝“奶茶”、藏族人喜欢喝“酥油茶”等等。

중국에서 회의 및 기타 접대 활동에서, 접대요원은 통상적으로 제일 먼저 좋은 차를 접대한다. 이는 '중국은 차의 고향'이기 때문이다. 중국은 차 잎의 원산지이다. 고대에 사람들은 처음에는 들에서 차 잎을 따 약용으로 썼으며, 나중에는 이를 음료수로 발전시키고 점차 차나무를 재배하는 법을 배웠다. 중국 차잎의 품종은 매우 많으며, 크게 홍차(발효차), 녹차(발효하지 않은 차), 우롱차(반발효차), 화차(홍차, 녹차, 우롱차를 원료로 각종 꽃을 훈제하여 만든 것), 바이차(몇 가지 특수한 차잎을 혼합하여 햇빛에 말려 만든 것), 진야차(가공 전의 각종 차를 배합한 후에 증기압으로 처리하여 만든 것) 등이 있다.

중국의 명차는 매우 많아서, 그 중에 홍차는 치먼(祁門:안휘성 기문현) 홍차가 가장 유명하다. 녹차는 시후 롱징, 쑤저우 비루오춘, 황산 마오펑, 리우안과피엔 등이 가장 유명하다. 우롱차는 푸젠성의 우이옌차가 가장 잘 알려졌다. 화차는 푸젠성의 모리화가 '넘버원' 이다. 바이차는 푸젠성 북부의 바이하오인전이 상품이다. 진야차는 윈난성 남부의 '푸얼차'와 광시 장족자치구에서 생산되는 '리우바오차'가 가장 유명하다.

차의 효능은 매우 많다. 약효, 숙취제거, 소화, 가래 삭히기, 각성 작용, 다이어트 등의 효과가 있기 때문에, 중국에서 차 마시기는 사람들의 습관 중 하나가 되었다. 일반적으로 북방 사람들은 '화차'를, 남방 사람들은 '녹차'를, 베이징, 상하이, 톈진, 항저우 등지의 사람들은 '롱징차'와 '비루어춘'을 즐겨 마신다. 푸젠, 광저우 사람들은 '우롱차', 소수민족들은 '진야차'를 좋아한다. 또 몽고족은 '밀크티', 장족은 '수여우차' 등을 즐겨 마신다.

练习

听课文后回答问题。

다음 문장을 잘 읽고 본문 내용에 부합되면 '对', 부합되지 않으면 '错'에 체크하세요.

1) 参加会议时, 不应迟到, 也不应早退。

对　　错

2) 在开会的过程中, 应认真倾听, 不要开呼机或手机。

对　　错

3) 在休息室就座时, 可随意入座。

对　　错

4) 递茶时可用单手, 茶杯把儿要放在客人的右手处。

对　　错

5) 主席台座次安排上可以明显地体现出中国传统的"以左为尊"这一礼节。

对　　错

6) 告别时, 主人会起立相送, 并先伸手与人握别。

对　　错

选词填空。

다음 각 문장의 밑줄 친 부분에 알맞은 단어를 보기에서 찾으시오.

보 기	a. 得体	b. 落落大方	c. 倾听	d. 随意	e. 奉上	f. 视野

1) 在宴会上, 他一直都非常注意自己的行为是否 ______ 。

2) 演出开始后, 所有的观众都认真地 ______ 这位钢琴大师的演奏。

3) 留学生涯, 使他的 ______ 开阔了许多。

4) 几年不见, 她已经长成一个 ______ 的少女了。

5) 在会议期间, 您可以 ______ 使用这里的一切设备。

6) 刚一落座, 就会有人为您 ______ 香茶。

快速阅读课文后用中文回答。

본문을 속독한 후 다음 문제에 중국어로 답하시오.

1) 本文中你最感兴趣的句子、段落是什么?

본문에서 가장 흥미롭게 느낀 문장이나 단락은?

2) 本文中你认为最难理解的句子、段落是什么?

본문에서 가장 난해했던 문장이나 단락은?

3) 从本文中你学到了哪些你认为有用的生词和句式?

본문에서 배운 것 중 유용하다고 여겨지는 단어와 문장형식은 무엇입니까?

4) 从本文中你了解到了哪些内容?请谈一谈你所了解的一些中国商务会议接待的相关知识。

본문 속에서 어떤 내용을 이해하게 되었나요? 중국 비즈니스 회의 접대와 관련하여 이해하게 된 지식을 말해 보세요.

附录

中国商务会议会场示意图：

多边会谈，座位一般摆成椭圆形，即所谓的“圆桌会议”，这样可以淡化尊卑界限。

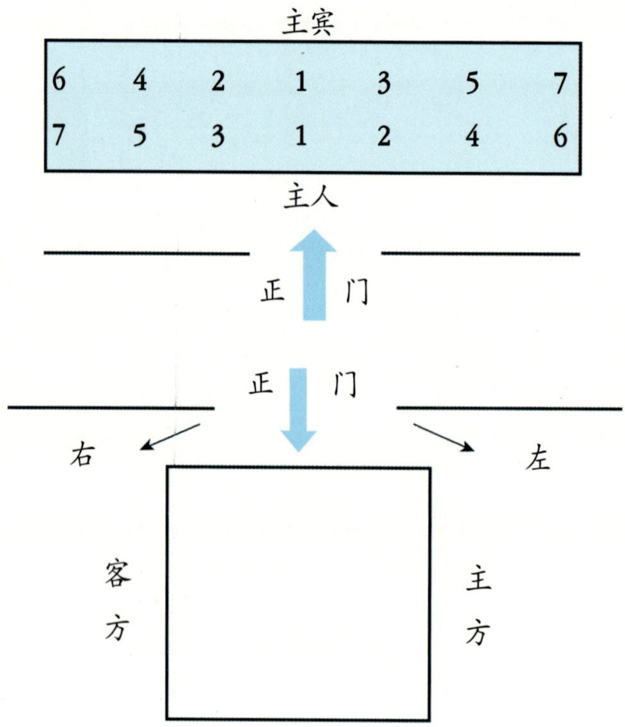

多边會談，座位最好摆成圓形

중국 비즈니스 회의 회의장 안내도

다자 회담에서 좌석은 일반적으로 타원형으로 배치한다. 즉 원탁회의라 할 수 있는데 이렇게 함으로써 지위고하에 따른 경계를 약화시킬 수 있다.

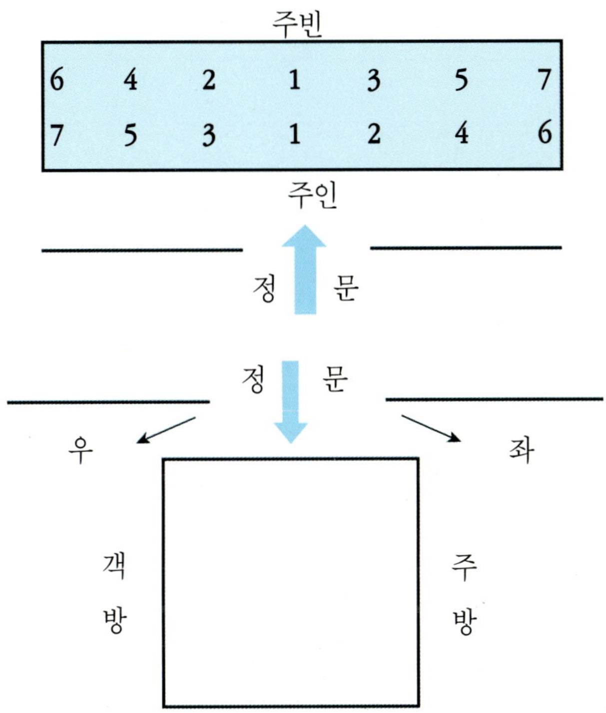

공간

원형 회담 테이블

다자회담을 할 때는 원형의 자리배치가 가장 무난하다.

第 10 课

商务宴请

비즈니스 연회

内容概要

本课介绍：中国人在商务宴请时的一些礼仪。通过对相关礼仪的介绍，使你对中国商务文化知识中的"宴客之道"能有一个初步的了解，教会你如何在酒桌上与中国人打交道，助你在商场上取得进一步的成功。

学习目标

1. 了解中国商务宴请的礼仪。
   중국 비즈니스 연회의 매너에 대한 기초적인 이해를 갖는다.

2. 理解并掌握连词："因此"、动词"便于" 的用法。
   접속사 '因此', 동사 '便于'의 용법을 이해하고 익힌다.

3. 理解并掌握常用句式："根据……可分为" 的用法。
   상용문형인 '根据……可分为'의 용법을 이해하고 익힌다.

4. 理解并掌握常用句式："有……之别/分" 的用法。
   상용문형인 '有……之别/分'의 용법을 이해하고 익힌다.

5. 理解并掌握假设复句："如若……, 要……" 的用法。
   조건복문인 '如若……, 要……'의 용법을 이해하고 익힌다.

6. 理解并掌握常用句式："……, 以达到……目的" 的用法。
   상용문형인 '……, 以达到……目的'의 용법을 이해하고 익힌다.

7. 初步了解相关的中国餐饮文化的特点。
   관련된 중국 음식 문화의 특징에 대해 기초적인 이해를 갖는다.

8. 中国的名酒简介。
   중국의 명주(名酒)에 대한 간단한 소개.

China Business Culture

阅读

商务宴请

宴请是中国人进行商务活动时的一个重要组成部分。通过宴请，可以联络感情，**协调**[1)]关系，增进友谊，从而有利于合作。因此，中国的商务人士非常注重宴请活动。当他们有诚意与你合作、并要做出重要的商业决定时，就会通过商务宴请这种方式，来与你进行充分的沟通，以增加商业合作成功的机会。

A、中国人宴请的种类和形式:

中国人宴请的种类很多，根据宴请的目的可分为：迎送宴会、**答谢**[2)]宴会、**喜庆**[3)]宴会、祝寿宴会及商务宴会等。

商务宴请的形式通常有:

宴会：指正规、**庄重**[4)]的宴请活动。有国宴、正式宴会和便宴之别。在时间上有：早宴、午宴、晚宴之分。以晚宴更为**隆重**[5)]和正规。

招待会：指各种不备正餐的宴请形式。包括：冷餐会 (又称自助餐)、酒会 (又称鸡尾酒会)。这种招待会的形式比较活泼，便于与会者之间广泛地接触交谈。

茶会：通过请客人**品茶**[6)]或咖啡进行交谈的一种简

生词

1) 协调 xiétiáo
[동] 조정하다. 조절하다.

2) 答谢 dáxiè
[동] 답례하다.

3) 喜庆 xǐqìng
[명][형] 경사(스럽다).

4) 庄重 zhuāngzhòng
[형] 장중하다.

5) 隆重 lóngzhòng
[형]성대하다.

6) 品茶 pǐnchá
[동]차를 음미하다.

便的宴请形式。一般是在上午10点或下午4点举行。为了体现中国茶文化的特点，茶会对茶叶、茶具都有所讲究 (如茶具要用陶瓷**器皿**[7)]，不能用玻璃杯，要用茶壶而不能用热水瓶，还要略备点心或地方风味小吃等)。

工作进餐：是现代交际中经常采用的一种非正式的宴请形式。这种宴请只请相关的工作人员。工作进餐按时间可分为：工作早餐、工作午餐和工作晚餐。进餐时可边吃边谈。这样既可节约时间，又能达到招待客人和交流的目的。

B、中国人商务宴请的基本礼仪：

通常设宴者会先明确宴请的对象，再以此来确定宴请的规格。同时也会根据宴请的目的 (如欢迎、欢送、答谢、庆祝、纪念等) 来安排宴请的形式。

设宴者会选择对主、客双方都合适的时间 (一般不选择在重大节日、假日，也不安排在双方的**禁忌日**[8)])，并在3－7天前，用请柬正式发出邀请。

设宴者还会根据宴请的目的、形式、规格、时间、季节、主客的喜好等**拟定**[9)]菜单。选菜时会注意：**丰俭得当**[10)]、**荤素**[11)]搭配、色彩组合、营养构成等因素。

另外，中餐宴会的桌次和席位安排也最为讲究。中餐宴会习惯使用圆桌。当主桌排定后，其余桌次的高低

7) 器皿 qìmǐn
[명] 그릇. 식기.

8) 禁忌日 jìnjìrì
[명] 꺼리는 날.

9) 拟定 nǐdìng
[동] 정하다.

10) 丰俭得当 fēngjiǎn dédàng
지나치게 사치스럽지도 간소하지도 않게 알맞다.

11) 荤素 hūnsù
[명] 고기 요리와 야채 요리

12) 买单 mǎidān
[동] 계산하다. 지불하다.

13) 莅临 lìlín
[동] 왕림하다.

14) 缺席 quēxí
[동] 결석하다.
15) 补过 bǔguò
[동] 잘못을 고치다. 사과하다.
16) 意图 yìtú
[명] 의도.

以离主桌的远近而定。以"面门为上，居中为尊，以右为尊"为原则。正对门的位置是**买单**[12)]的位置，右手是贵宾。离主桌越近的桌次越高。平行桌次的以右为高，左为低。(桌次排列及席位安排图见附录)

设宴者还会在宴会开始前30分钟，在宴会大厅门口迎宾。宴会开始时，主人会致祝酒辞，向客人敬酒。宴会结束时，主人会对宾客**莅临**[13)]宴会，表示感谢。并与原迎宾人员一起送宾客到门口挥手道别。

C、参加商务宴请者礼仪：

首先，赴宴者应适时到达。通常应提前15分钟左右到场，切忌不可迟到。其次，赴宴者仪表要整洁。再次，要按位落座。入坐时，应让年长者、地位高者和女士优先，然后自己以右手拉椅子，从左边入座。另外，如若**缺席**[14)]，要及时**补过**[15)]。

席间礼仪：要礼貌入席，举止文雅，交谈适度，正确使用餐具，要尽量避免中途退场。饮酒时，要按主人的**意图**[16)]行事，不要喧宾夺主。接受主人敬酒时，应该回敬一杯。碰杯的礼序是：首先由主人和主宾碰杯，而后主人再一一与其他宾客碰杯。酒量要适宜，饮酒速度要适中，劝酒要适度。

宴会结束时，要等主人和主宾离开座席后，其他客人才能离开，客人还应该向主人致谢，感谢主人的热情款待[17]。

另外，礼尚往来也是必要的。当你多次受到中国人的宴请，你也应该在环静优雅、较高档[18]的酒店回请一次。

总之，如果你想和中国人做生意，就一定要做好和中国人一起吃饭的准备。并有必要学习中国人宴请时的种种礼仪风范[19]，以达到拓宽[20]交际空间的目的。

17) 款待 kuǎndài
[동] 정성껏 대접하다.

18) 高档 gāodàng
[형] 고급의.

19) 风范 fēngfàn
[명] 몸가짐.

20) 拓宽 tuòkuān
[동] 넓히다.

注释

1 因此

连词 因为这个。一般连接前面句子的结果。

접속사 이 때문에. 일반적으로 앞 절에 연관된 결과를 가리킨다.

例 他的笑话让大家捧怀，屋内的气氛也因此轻松了不少。

그의 우스갯소리에 모두 배꼽을 잡았고 방안 분위기도 이 때문에 적잖이 가벼워졌다.

他办事总是拖拖拉拉的，因此错过了很多好机会。

그는 늘 일을 질질 끌면서 하는데, 이 때문에 좋은 기회를 많이 놓쳤다.

2 根据……可分为

根据：把某种事物作为结论的前提或语言行动的基础。意思是：依据某种标准进行分类，可分为几类。

어떤 사물을 결론으로 삼기 위한 전제나 언행의 근간. 어떤 기준에 따라 분류하여 몇 가지로 나눔을 의미한다.

例 宴会根据时间上的不同，可分为早宴、午宴和晚宴。

연회는 시간에 따라 조찬, 오찬 및 만찬으로 나눌 수 있다.

根据研究方向的不同，可分为语言和文学两大类。

연구 방향에 따라 언어와 문학의 두 가지로 크게 나눌 수 있다.

3 有……之分/别

意思是：有……的类别和分类。有时也说：有……之别

……의 유형과 종류가 있다. 간혹 '有……之别'로 쓰기도 한다.

例 宴会有迎送宴会、答谢宴会、喜庆宴会、祝寿宴会及商务宴会之分。

연회에는 환송연회, 답례연회, 경축연회, 장수 축원 연회 및 비즈니스 연회의 유형이 있다.

对于教育者来说，学生不应该有好坏之分。

교육자에게 있어, 학생을 좋고 나쁨으로 구분해서는 안 된다.

4 便于

动词 比较容易（做某事）。

동사 (일을 하기가) 비교적 쉽다.

例 这款手机体积较小，便于携带。

이 모델의 핸드폰은 부피가 작아서 휴대하기 편하다.

请保持手机的开机状态，以便于我们及时联络。

우리가 제때 연락하기 쉽도록 핸드폰을 켜진 상태로 유지해 주십시오.

5 如若……，要……

假设复句 **如若**：偏句假设一个条件正句按照这个假设的条件得出一个相应的结果。

가설복문 앞문장은 가정한 조건을 나타내고, 뒷문장은 이런 가정 조건 하에서 해야하는 행위를 나타낸다.

例 如若不能出席，要在会议的前一天通知筹办方。

만약 출석할 수 없을 경우라면 회의 하루 전에 개최 측에 통보해야 한다.

如若实际情况跟预想的不同，要及时向上级汇报。

만약 실제 상황이 예상과 다르다면 제때 상사에 보고해야 한다.

6 ……，以达到……目的

以：来。解释、说明前一分句的目的。

以：……로써. 앞절의 목적을 설명하다.

例 很多女性坚持节食，以达到瘦身的目的。

많은 여성들이 다이어트를 고집함으로써 살을 빼려고 한다.

公司制定了一系列的宣传计划，以达到促销的目的。

회사는 일련의 홍보계획을 세워 판매를 촉진하려 한다.

7 中国的餐饮文化简介：중국 음식 문화 소개

中国的餐饮素来在在世界上享有盛誉。且中国地域辽阔, 各地餐饮风味也有很大的差异。通常有"南甜、北咸、东辣、西酸"的特点。

中国的菜肴在烹饪中形成许多流派。其中最有名的是："鲁、川、粤、闽、苏、浙、湘、徽"八大菜系。有人把"八大菜系"用拟人化的手法描绘为：苏、浙菜好比清秀、素丽的江南美女；鲁、徽菜犹如古拙、朴实的北方健汉；粤、闽菜宛如风流典雅的公子；川、湘菜就像内涵丰富充实、才艺满身的名士。中国的"八大菜系"的烹饪技艺各具风韵, 其菜肴之特色也各有千秋。

중국 음식은 예로부터 세계적으로 명성을 누려 왔다. 더구나 중국은 땅덩어리가 크고 각 지역 음식마다 크게 다른 특색을 지니고 있다. 보통 '남쪽은 달고, 북쪽은 짜고, 동쪽은 맵고, 서쪽은 시다'는 특징이 있다.

중국 요리는 조리 과정에서 많은 유파가 생겨났다. 그 중에서 가장 유명한 것으로 '鲁(산동), 川(사천), 粤(광동), 闽(복건), 苏(강소), 浙(절강), 湘(호남), 徽(안휘)'의 8대 요리가 있다. 어떤 이는 '8대 요리'를 의인화하여 묘사한다. 즉, 강소와 절강 요리는 빼어나게 아름다운 강남 미녀에, 산동과 안휘 요리는 예스럽고 소박한 북방의 건장한 남자에 견줄 수 있으며, 광동과 복건 요리는 멋들어진 풍류의 공자에, 사천과 호남 요리는 내실 있고 온갖 재주를 두루 갖춘 명사와 비슷하다. 중국 '8대 요리'는 조리 방법과 짜임새에서 운치를 느낄 수 있으며, 각기 서로 다른 특색을 지니고 있다.

8 中国八大名酒排行榜：중국 8대 명주

1. 茅台－产于贵州, 以独特的色、香、味为世人称颂。以清亮透明、醇香回甜而名甲天下, 被誉为"国酒"。
2. 五粮液－产于四川宜宾, 柔和甘美, 酒味醇厚 香醇甜净 风格独特。
3. 杜康－产于河南, 香味醇香舒适, 被称为"中国感情第一酒"。
4. 汾酒－产于山西, 有清亮透明, 气味芳香, 入口绵绵, 落口甘甜, 回味生津的特色。
5. 西凤酒－产于陕西。有"甘泉佳酿清洌醇馥"的美名还兼有补气血、润肺等药用功能。

6. 董酒－产于贵州，风格即有大曲酒的浓郁芳香，又有小曲酒的柔绵、醇和、回味甜，还有淡雅舒适的药香和爽口的微酸。
7. 剑南春－产于四川。特点为芳香浓郁，醇和回甜，清冽净爽，余香悠长。
8. 泸州老窖－产于四川，具有"浓香、醇和、味甜、回味长"的特色。

1. 마오타이－꾸이저우에서 나며 독특한 색, 향, 맛으로 세계인의 찬사를 듣고 있다. 맑고 투명하며 달콤한 향으로 중국 최고의 술로서 '국주(國酒)'로 일컫는다.
2. 우량예－쓰촨 이빙에서 나며 부드럽고 감미로우며 맛이 강하다. 향이 달고 깨끗하다. 풍격이 독특하다.
3. 두캉－허난에서 나며 향과 맛이 적당히 진하고 향기롭다. '중국 정서에 가장 잘 맞는 술'로 불린다.
4. 펀지우－산시(山西)에서 나며, 맑고 투명하며 꽃향이 있다. 입안에서 부드럽고 넘길 때 달콤하며 뒷맛이 좋은 특징이 있다.
5. 시펑지우－산시(陕西)에서 난다. '감천수의 차고 서늘한 물에 잘 빚은 술'이란 찬사를 들으며 기혈을 보하고 윤폐(潤肺) 등의 약효도 가지고 있다.
6. 둥지우－꾸이저우에서 나며 대곡주의 진하고 향기로운 맛을 지님과 동시에 소곡주의 부드럽고 온화하며 뒷맛이 감미로운 특성도 갖추고 있다. 또한 담백하고 기분 좋은 약향과 입안에 상쾌함을 남기는 다소 신맛도 느낄 수 있다.
7. 젠난춘－쓰촨에서 난다. 향기가 진하고 술 맛이 달며 깨끗하고 상쾌하며, 여향이 길게 남는다.
8. 루저우라오워－쓰촨에서 난다. '짙은 향기, 부드러움, 달콤한 맛, 뒷맛이 긴' 특징이 있다.

练习

听课文后回答问题。

다음 문장을 잘 읽고 본문 내용에 부합되면 '对', 부합되지 않으면 '错'에 체크하세요.

1) 很多中国人会通过宴请这种方式，来与他人进行沟通的。

对　　错

2) 若想与更多的人进行广泛的接触和交谈，就可以采取招待会这种宴会形式。

对　　错

3) 要根据宴请的对象来确定宴请的规格。

对　　错

4) 中餐宴会对桌次和席位安排较为随便。

对　　错

5) 接受主人的敬酒时，应回敬一杯，以表示对主人的尊敬。

对　　错

6) 主人和主宾尚未离开座席时，其他客人是可以提前离开的。

对　　错

选词填空。

다음 각 문장의 밑줄 친 부분에 알맞은 단어를 보기에서 찾으시오.

보 기	a. 联络	b. 隆重	c. 明确	d. 邀请	e. 莅临	f.拓宽

1) 公司举办年会的目的，是为了给员工们一个 ______ 感情的机会。
2) 只学习书本上的知识是不够的，还要主动地 ______ 自己的知识面才行。
3) 这次的欢迎仪式这么 ______ ，看来是有什么大人物要来了吧。
4) 欢迎上级领导 ______ 本公司指导工作。
5) 只有目的 ______ ，才能最终取得成功。
6) 那位知名的教授已经接受了我校的 ______ ，成为本校的名誉教授了。

快速阅读课文后用中文回答。

본문을 속독한 후 다음 문제에 중국어로 답하시오.

1) 本文中你最感兴趣的句子、段落是什么？
   본문에서 가장 흥미롭게 느낀 문장이나 단락은?

2) 本文中你认为最难理解的句子、段落是什么?

본문에서 가장 난해했던 문장이나 단락은?

3) 从本文中你学到了哪些你认为有用的生词和句式?

본문에서 배운 것 중 유용하다고 여겨지는 단어와 문장형식은 무엇입니까?

4) 从本文中你了解到了哪些内容? 请谈一谈你所了解的一些中国商务宴请礼仪方面的相关知识。

문 속에서 어떤 내용을 이해하게 되었나요? 중국 비즈니스 연회 매너와 관련하여 이해하게 된 지식을 말해 보세요.

附录

A、中餐桌次排列礼仪：

（图一）

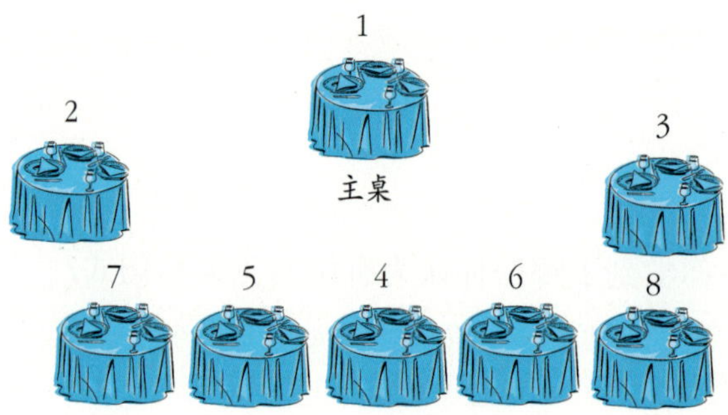

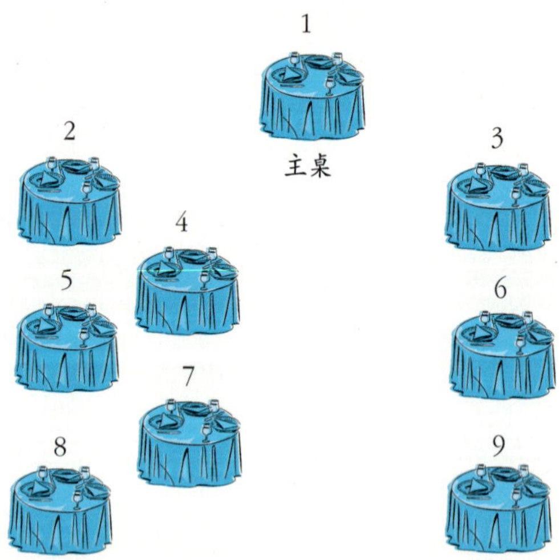

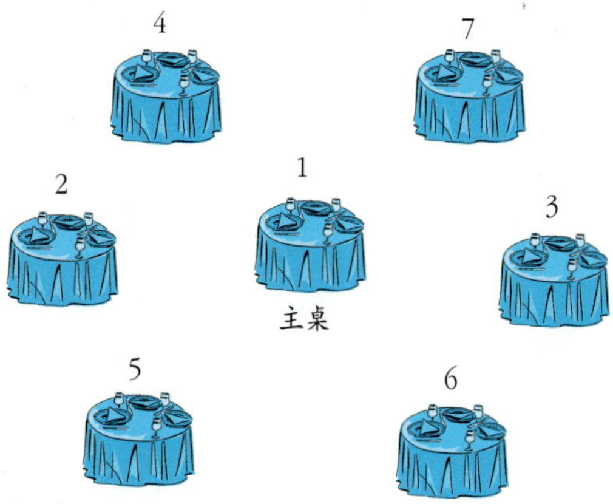
4
7
1
2
3
主桌
5
6

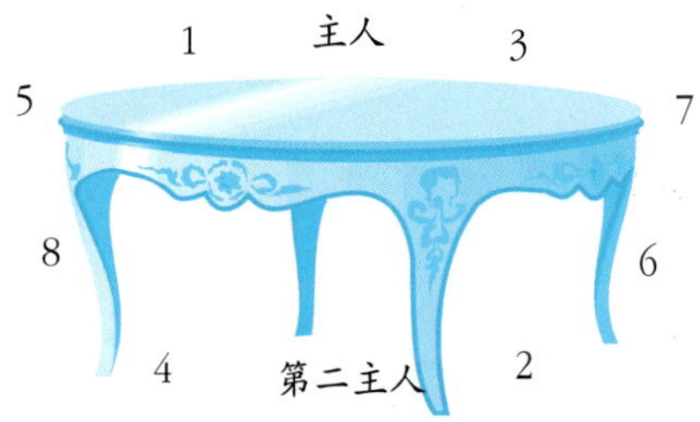
1
主人
3
5
7
8
6
4
第二主人
2

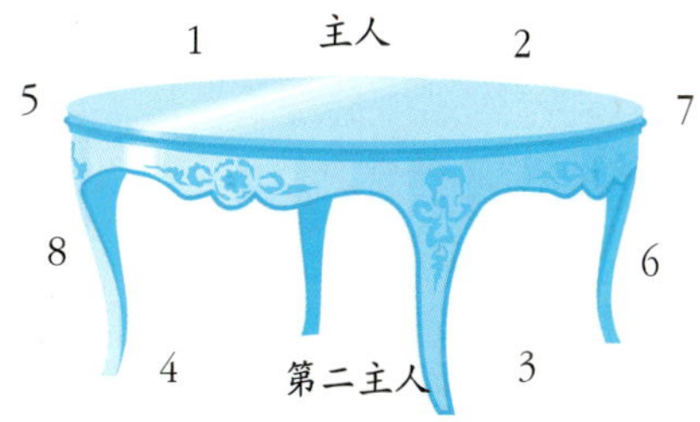
1
主人
2
5
7
8
6
4
第二主人
3

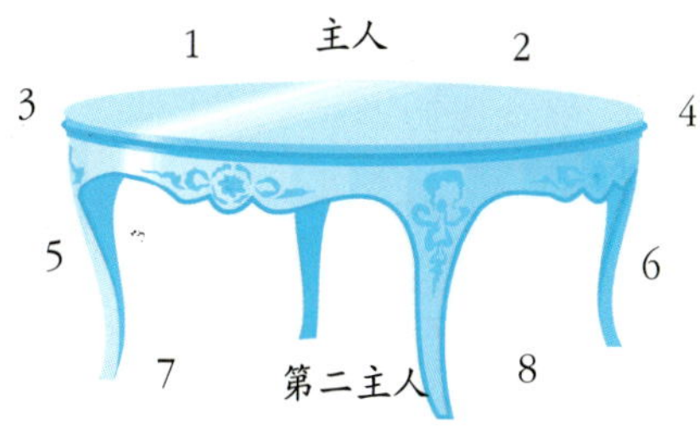
1
主人
2
3
4
5
6
7
第二主人
8

A: 중식 테이블 배치에 관한 매너

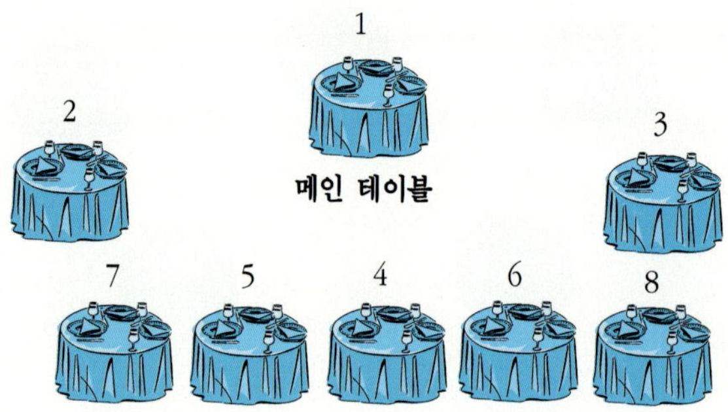

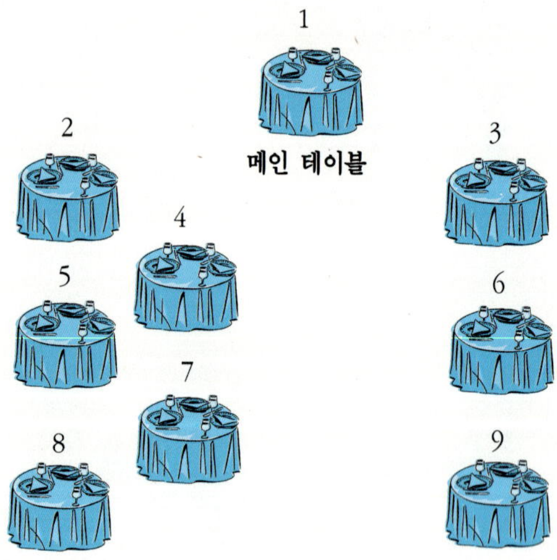

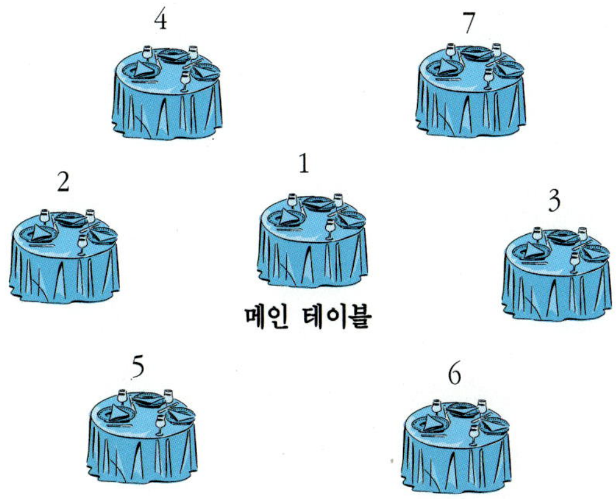
4
7
2
1
3
메인 테이블
5
6

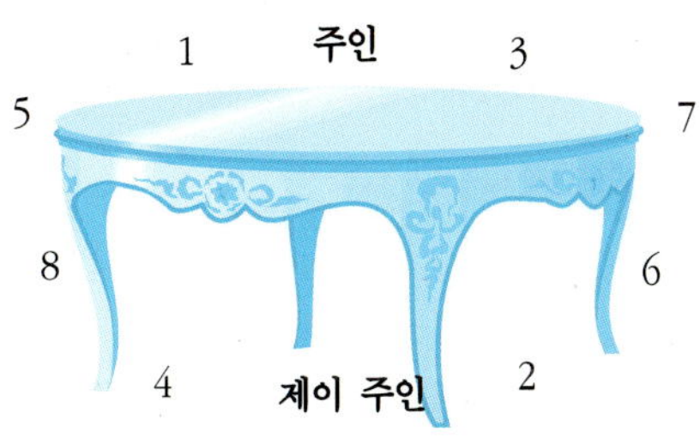
1
주인
3
5
7
8
6
4
제이 주인
2

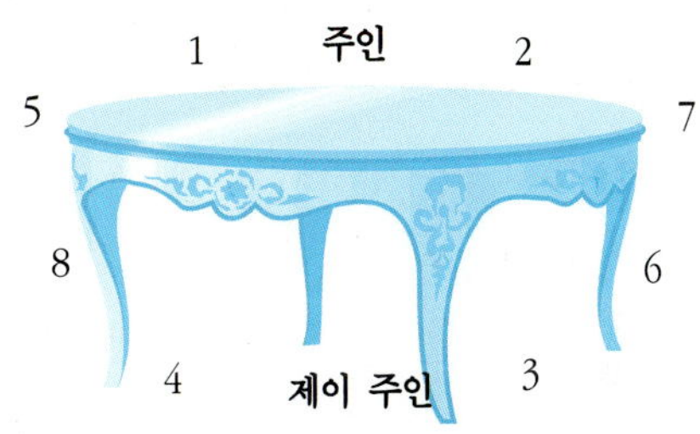
1
주인
2
5
7
8
6
4
제이 주인
3

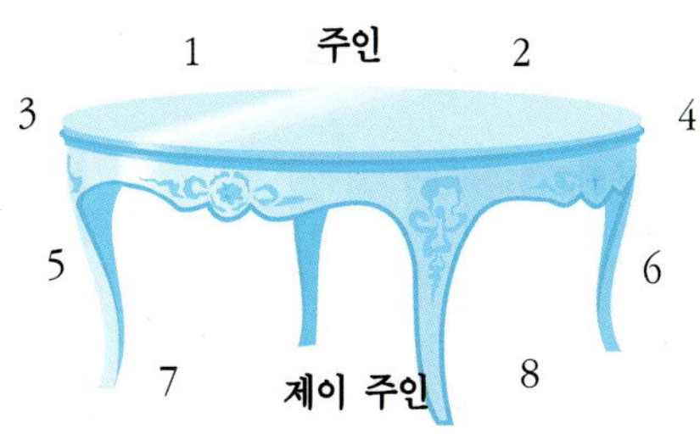
1
주인
2
3
4
5
6
7
제이 주인
8

第11课

人际关系（一）与政府的关系、客户关系、人情和面子

인간관계(1) 정부와의 관계, 고객 관계, 인정과 체면

内容概要

本课介绍：中国人如何处理与政府的关系、客户关系、人情和面子等人际关系方面的相关知识。通过对中国人重视关系、重视人情和面子这一特点的介绍，教会你与中国人的“相处之道”，帮助你在中国的商务活动中取得进一步的成功。

学习目标

1. 初步了解中国人的人际关系、人情、面子等特点。
   중국인의 인간관계, 인정, 체면 등의 특징에 대해 기초적인 이해를 갖는다.

2. 理解并掌握常用句式："……常说……" 的用法。
   상용문형인 '……常说……'의 용법을 이해하고 익힌다.

3. 理解并掌握递进复句："不仅……, 也……" 的用法。
   병렬복문인 '不仅……, 也……'의 용법을 이해하고 익힌다.

4. 理解并掌握连词 "首先"、"其次"、"再次" 的用法。
   접속사 '首先', '其次', '再次'의 용법을 이해하고 익힌다.

5. 理解并掌握动词 "注重" 的用法。
   동사 '注重'의 용법을 이해하고 익힌다.

6. 理解并掌握动词："即" 的用法。
   동사 '即'의 용법을 이해하고 익힌다.

7. 理解并掌握连词 "否则"、"总之" 的用法。
   접속사 '否则', '总之'의 용법을 이해하고 익힌다.

8. 理解并掌握常用句式："不得不" 的用法。
   상용문형 '不得不'의 용법을 이해하고 익힌다.

阅读

生词

1) 讲究 jiǎngjiu
[동] 신경쓰다. 중시하다.

2) 互动 hùdòng
[동] 서로 영향을 주다.

3) 拉关系 lā guānxì
관계를 맺다.

4) 制定 zhìdìng
[동] 제정하다. 만들다.

5) 营销 yíngxiāo
[명][동] 마케팅(하다).

人际关系(一)
与政府的关系、客户关系、人情和面子

中国人最**讲究**[1]关系。这个关系就是指人与人之间的**互动**[2]状态，包括角色地位关系和交情关系。

中国人常说：有关系，好办事。所以，如果你要与中国人打交道，进行商务活动，就要学会和中国人"**拉关系**[3]"。

A: 与政府的关系：

中国实行计划经济多年。在计划经济中，政府拥有着直接处理经济事务的权力，并在经济生活中发挥着重要的作用。

政治环境是进行投资时应该首先考虑的问题。政府是政策的**制定**[4]者，又拥有一定的权力。因此，要在中国进行商务活动，就应和政府建立良好的关系。这不仅便于了解最新的经济政策，同时也能为市场**营销**[5]提供帮助。

B: 与客户的关系：

中国人常说："客户是上帝"。因此，要在中国进行商务活动，就应该与客户建立长期的友好关系，以便进

行长期稳定的商务往来。

那么如何与中国客户建立长期稳定的良好关系呢?首先:在商务活动过程中,应该请客吃饭,给客户送礼。特别是在年末,更应该请客并送上较贵重的礼物。其次:要与客户保持联系。在平日、节假日、或有时间时,时常问候你的客户或者登门拜访。再次:中国人注重人情关系,因此,要以"**诚信**[6)]"做资本与中国人打交道,才能很好地与中国人合作,打入中国广阔的市场。

6) 诚信 chéngxìn
[명][동] 성실(하다). 신용(을 지키다).

C: 人情、面子:

人情: 中国人非常注重人情。这个"人情"就是指人与人之间的相处之道。

在中国人的传统观念中,人与人之间相处要有"礼"。这个"礼"是指社会习惯、风俗、**公认**[7)]的行为规矩。所以中国人为了遵守这个"礼"而养成了"做人情"的习惯(如你多次被请,那么你一定要找机会回请,否则就会被认为不懂人情)。做事前,需提前**编织**[8)]好自己的**人情网**[9)],才能好办事、办好事。

由此,人情风在中国很**盛行**[10)]。从**婚丧嫁娶**[11)]到开业、上学等等,都得"做人情"。所以,要和中国人打交道

7) 公认 gōngrèn
[명][동] 공인(하다).
8) 编织 biānzhī
[동] 짜다. 삼다.
9) 人情网 rénqíngwǎng
[명] (친분 등으로 연결된) 인간관계망.
10) 盛行 shèngxíng
[명] 성행하다.
11) 婚丧嫁娶 hūnsāng jiàqǔ
[명] 혼례와 장례

或进行商务活动，就要学会“做人情”。这样才能理顺[12]各种关系，助你成功。

面子： 中国人非常注重[13]面子。面子即是指私人之间的情分。在与中国人的交往过程中，应该懂得各种“面子法则[14]”，否则就会碰壁[15]。

中国人不仅在乎自己的面子，从不做“丢面子[16]”的事，同时也很照顾别人的面子。中国人一般说话很委婉[17]，从来不会直接说“不”，因为这样说是不给别人面子，是很没有礼貌的。中国人还常常用委婉的语句拒绝别人或说话做事留有余地[18]。如：“我不得不好好考虑一下”、“我一定尽力，但我还不能保证”等等。

当你和中国人交往时，特别是被征求[19]意见时，请不要直接表达出否定的意见，或者直言拒绝他们。要尊重他并懂得维护[20]他人的面子，这样你就会得到帮助，事事顺利。

总之，在与中国人打交道时，只有了解、维护、协调好各种关系，才能在商务活动中取得成功！

12) 理顺 lǐshùn
[동] 조절하다. 바로잡다.

13) 注重 zhù zhòng
[동] 중요시하다.

14) 法则 fǎzé
[명] 법규. 규율.

15) 碰壁 pèngbì
[동] 난관에 봉착하다.

16) 丢面子 diūmiànzi
체면을 잃다.

17) 委婉 wěiwǎn
[형] 완곡하다.

18) 余地 yúdì
[명] 여지.

19) 征求 zhēngqiú
[동] 구하다.

20) 维护 wéihù
[동] 지키다.

注释

1 ……常说……

意思为：某人或某些人常常说某事或某些话。
어떤 사람이나 사람들이 종종 어떤 일이나 말을 한다.

例 老人们常说平安是福。
노인들은 종종 평안한 것이 복이라고 말한다.
生意人常说诚信是成功的根本。
장사하는 사람들은 종종 성실이 성공의 근본이라고 말한다.

2 不仅……，也……

递进复句 前一分句是基础后一分句表示更深一层的意思(这种关系的复句一般不能改变前后的顺序)。

병렬(익심)복문 앞 문장은 기본이고 뒷 문장은 앞 문장 보다 정도가 더 높은 것임을 나타낸다. 보통 앞뒷 문장의 위치는 바뀔 수 없다.

例 这次的合作不仅对公司意义重大, 对公司员工也有很大的影响。
이번 협력은 회사에 중대한 의미일 뿐만 아니라 회사 직원들에게도 큰 영향을 미친다.
她不仅是我们的老师, 也是我们的好朋友。
그녀는 우리의 스승일 뿐 아니라 좋은 친구이기도 하다.

3 首先、其次、再次

连词 意思为：第一、第二、第三。用于列举事项。

접속사 첫째, 둘째, 셋째라는 의미이다. 여러 사항을 열거하는데 쓰인다.

例 在与中国人打交道时，首先，应该守时、守礼。其次，要照顾到对方的面子。再次，要以诚相待。

중국인과 사귈 때는 첫째, 시간과 예의를 지킨다. 둘째 상대방의 체면을 생각한다. 셋째, 진심으로 대한다.

在签约过程中，首先，要写明交易的数量；其次，要写明交货的时间及地点；再次，要写明违约及索赔的相关事项。

체결 과정에서 첫째, 거래 수량을 명시해야 한다. 둘째, 납품 시간과 장소를 확실히 명시해야 한다. 셋째, 위약 및 손해배상 관련 사항을 명시해야 한다.

4 注重

动词 意思为:重视。

동사 중시한다는 뜻이다.

例 现在的父母，很注重对孩子进行素质的教育。

현대의 부모들은 아이들의 적성 교육을 매우 중시한다.

在生产过程中要注重细节，才能制造出精良的产品。

생산 과정에서 세부적인 것을 중시해야만 우수한 제품을 제작할 수 있다.

5 即

动词 书面语, 意思为：就是。

동사 문어체. '바로'를 나타낸다.

例 学校, 即是社会的一个缩影。

학교는 바로 사회의 한 축소판이다.

他一副非此即彼的样子, 十分自负。

그는 이게 아니면 저거라는 식으로 매우 자신만만하다.

6 否则

连词 连接前后句, 意思为：如果不这样。

접속사 앞절과 뒷절을 연결하며 '만약 그렇지 않으면'이란 의밀이다.

例 你必须先把准备工作做好。否则在规定的时间内, 完不成这项任务。

먼저 준비 작업을 잘 해내야 한다. 그렇지 않으면 정해진 시간 내에 이 임무를 완수할 수 없다.

请在截止日期前报名, 否则逾期不候。

마감일 전에 신청하시오. 그렇지 않고 기일을 넘겨서 늦게 된다.

7 不得不

双重否定，表示一定要、必须。

이중 부정. 꼭, 반드시 등을 나타낸다.

例 这场大雪，使他不得不在外地又多呆了几天。

이번 대설 때문에 그는 어쩔 수 없이 외지에서 며칠을 더 지내야만 한다.

因为原材料价格上涨了，所以我们不得不提高产品的价格。

원자재 가격이 올랐기 때문에 우리는 어쩔 수 없이 제품의 가격을 올려야 했다.

8 总之

连词 表示下文是总括性的话。

접속사 뒤에 총괄하는 말이 옴을 뜻한다.

例 总之，与其它产品相比，我们的优势仍很明显。

결론적으로, 다른 제품과 비교하더라도 우리의 우위점은 매우 분명하다.

总之，在与中国人打交道的过程中，必须要考虑到对方的"面子"问题。

결론적으로, 중국인과 사귈 때는 반드시 상대방의 '체면'을 고려해야만 한다.

练习

听课文后回答问题。

다음 문장을 잘 읽고 본문 내용에 부합되면 '对', 부합되지 않으면 '错'에 체크하세요.

1) 中国人不太讲究关系。

对　　错

2) 学会和中国人"拉关系", 就能更好地与中国人打交道。

对　　错

3) 如要在中国进行商务活动, 就应先和政府建立起良好的关系。

对　　错

4) 中国人既重人情, 又重面子。

对　　错

5) 中国人在拒绝别人时, 一般直接说"不"。

对　　错

6) 与中国人打交道时, 要理解并懂得维护他人的面子。

对　　错

选词填空。

다음 각 문장의 밑줄 친 부분에 알맞은 단어를 보기에서 찾으시오.

보 기	a. 讲究	b. 互动	c. 公认	d. 盛行	e. 碰壁	f. 维护

1) 在课堂上，他非常注重师生之间的 ______ 。
2) 近几年来，这种中性的穿着风格非常 ______ 。
3) 刚刚踏入社会时，他几乎到处 ______ ，发展的很不顺利。
4) 消费者的权利得到了很好的 ______ 。
5) 这种方法种出来的蔬菜是 ______ 的绿色食品。
6) 这位设计师对面料的要求十分 ______ 。

快速阅读课文后用中文回答。

본문을 속독한 후 다음 문제에 중국어로 답하시오.

1) 本文中你最感兴趣的句子、段落是什么？
   본문에서 가장 흥미롭게 느낀 문장이나 단락은?

2) 本文中你认为最难理解的句子、段落是什么?

본문에서 가장 난해했던 문장이나 단락은?

3) 从本文中你学到了哪些你认为有用的生词和句式?

본문에서 배운 것 중 유용하다고 여겨지는 단어와 문장형식은 무엇입니까?

4) 从本文中你了解到了哪些内容? 请谈一谈你所了解的一些中国人注重"拉关系"的种种情况。

본문 속에서 어떤 내용을 이해하게 되었나요? 중국인이 중시하는 '관계 만들기'의 여러 상황에 관하여 이해한 바를 말해 보세요.

附录

中国人的馈赠礼仪（一）

礼尚往来是中国传统的美德, 也是国际交往中的一种习惯做法。特别是在商务往来中, 常常以馈赠礼物来作为表示友好和联络感情的一种手段。在与中国人交往时, 应遵守以下的馈赠礼仪:

赠礼须知（一）:

A、**礼品的选择, 应礼轻情义重, 形式多样化。**送礼是互惠行为, 因此礼品的选择应以: 真诚、轻巧、少量为原则。礼品的形式可以是实物, 可以是一次活动、可以是礼金, 有时送人情也可以是一种"礼"。

B、**选择礼品要有针对性:** 因人因事因地施礼。一般说来: 对贫者以实惠为佳; 对富者以精巧为佳; 对爱人以纪念为佳; 对朋友以趣味性为佳; 对老年人以实用为佳; 对孩子以启智新颖为佳; 对外宾以特色为佳。

C、**赠送礼品应考虑具体的情况和场合:** 新年、圣诞节时, 可送烟、酒、茶等; 赴私人家宴, 可送花束、水果、土特产等; 参加婚礼, 可送艺术装饰品、花束及实用物品; 祝贺生日: 给长辈祝寿可送含有健康长寿意义的物品, 如; 设计精美的寿桃蛋糕和有纪念性的金贺卡; 而同辈过生日则能投其所好就行; 探病人时可送滋补品或保健品, 或鲜花、小盆景等 (所送花卉可选择: 玫瑰、康乃馨、满天星、百合、天堂鸟等)

중국인의 선물 매너 (1)

오는 정이 있으면 가는 정이 있다는 것은 중국의 전통적인 미덕이자 국제 교류에서 일종의 관례이며, 특히 비즈니스 관계에 있는 경우 선물을 통해 우호를 표시하거나 정감을 나타낸다. 중국인과 사귈 때는 아래의 선물 매너를 지켜야만 한다.

선물을 줄 때 주의할 점(1):

A. **선물은 형식보다는 마음을 담을 수 있고 다양한 형태의 것을 택한다.** 선물은 호혜행위이므로 고를 때에도 정성이 담기고 가벼운 것으로 소량 한다는 원칙을 지킨다. 선물은 형태는 실물일 수도, 행동일 수도, 축의금일 수도 있으며, 간혹 호의를 보이는 것도 일 종의 '선물'이 될 수 있다.

B. **선물을 고를 때는 목적이 분명해야 한다.** 사람에 따라, 경우에 따라, 장소에 따라 적절한 선물을 한다.일반적으로 빈곤한 사람에게는 실물로, 부유한 사람에게는 뛰어난 솜씨가 돋보이는 것으로, 배우자에게는 기념할 수 있는 것으로, 친구에게는 취미를 고려한 것으로, 노인에게는 실용적인 것으로, 아이에게는 지능개발에 도움되는 새롭고 독특한 것으로, 외국 손님에게는 중국적 특색이 있는 것이 좋다.

C. **선물을 줄 때는 구체적인 상황과 장소를 고려해야 한다.** 신년, 성탄절에는 담배, 술, 차 등을, 사적인 파티에 갈 때는 꽃다발, 과일, 특산품 등을, 결혼식에 갈 때는 예술적 가치가 있는 장식품, 꽃다발 혹은 실용품을 선물한다. 생일을 축하할 때는 연장자의 경우 정교하고 아름답게 장식된 '寿桃(복숭아 모양의 생일 축하용 빵)' 케이크와 축하카드와 같이 건강과 장수를 축원하는 선물을, 동년배의 경우 기호에 맞는 것을 선물한다. 병문안을 갈 때는 보양식품이나 건강식품, 생화, 작은 화분 등(꽃으로는 장미, 카네이션, 두메별꽃, 백합, 극락조 등)을 고른다.

第12课
人际关系（二）
上下级关系、同事关系、办公室日常礼仪

인간관계(2)
상하 관계, 동료와의 관계, 사무실 내에서의 일상 매너

内容概要

本课介绍：中国人如何处理上下级关系、同事关系，以及办公室日常礼仪等相关知识。通过对中国人重视上下级关系和同事之间关系这一特点的介绍，使你学会更多的与中国人的“相处之道”，帮助你在商务活动中顺利地取得成功。

学习目标

1. 初步了解中国人的上下级关系、同事关系等人际关系的特点。
   중국인의 상하 관계, 동료 관계 등 인간관계의 특징에 관해 기초적인 이해를 갖는다.

2. 初步了解并掌握中国人的"办公室日常礼仪"。
   중국인의 '사무실 내에서의 일상적인 매너'에 관해 초보적으로 이해하고 익힌다.

3. 理解并掌握成语："理所应当"的用法。
   성어 '**理所应当**'의 용법을 이해하고 익힌다.

4. 理解并掌握副词"方"的用法。
   부사 '**方**'의 용법을 이해하고 익힌다.

5. 理解并掌握成语"以礼相待"的用法。
   성어 '**以礼相待**', '**以礼相待**'의 용법을 이해하고 익힌다.

6. 理解并掌握常用句式："宁……勿……"的用法。
   상용문형 '**宁……勿……**'의 용법을 이해하고 익힌다.

7. 理解并掌握成语"简明扼要"、"适可而止"的用法。
   성어 '**简明扼要**', '**适可而止**'의 용법을 이해하고 익힌다.

8. 了解文化背景知识："放绿灯"的含义。
   문화적 배경 지식인 '**放绿灯**'의 뜻을 이해하고 익힌다.

阅读

生词

1) 相对 xiāngduì
[부] 상대적.

2) 贯彻 guànchè
[동] 관철하다.

3) 执行 zhíxíng
[동] 집행하다. 실시하다.

4) 反馈 fǎnkuì
[명][동] 피드백(을 받다).

5) 谋事 móushì
[동] 일을 하다.

6) 分寸 fēncùn
[명] 분별. 분수.

人际关系(二)
上下级关系、同事关系、办公室日常礼仪

在中国，人们非常注重各种人际关系。如果你想和中国人打交道并进行商务活动的话，就一定要协调好各种关系。这也是你在中国取得成功的重要条件之一。

A: 上下级关系:

中国人很重视每个人地位的高低。地位高的人拥有相对[1)]的决定权，并理所应当地得到人们的尊重。所有的政策也是由高向低贯彻[2)]执行[3)]的。但下级也会向上级反馈[4)]一些信息。因此，在与中国人的商务活动中，与合作方的上下级都搞好关系，才是谋事[5)]成功的重要条件。

在中国，与合作方的上级领导相处时，应心存敬意，与领导说话做事要有分寸[6)]。且无论在任何场合与领导相处，都要遵守必要的礼节。有时遇事要先请示领导方可说话办事。这样，你才能得到领导的帮助，他甚至会为你放 “绿灯”，使你谋事顺利。

B: 与同事的关系：

中国人喜欢**和谐**[7]。在与同事相处时，大家都遵守这个原则，在工作中互相帮助、互相**照应**[8]。同事之间不会发生正面**冲突**[9]。

要与合作方的中国同事搞好关系，首先就要学会“做人情”。其次，在实际工作中要努力与人交往。“**合群**[10]”是与中国同事和谐相处的**关键**[11]。再次，在与中国合作方的同事打交道相处时，应以礼相待，彼此尊重。如：相见时，微笑点头、及时问候等。同时，也应与同事保持适当的距离。这主要指尊重他人的人格、尊重他人的物品，以及尊重他人的工作。另外，与中国同事相处时，应懂得**宽容**[12]，**树立**[13]**容纳**[14]意识。做到以上所述种种，你在做具体事务时，就会得到中国同事的得力**协助**[15]。

C: 办公室日常礼仪：

中国人常说：礼多人不怪。因为礼仪是一种教养。如果你在中国工作，就要注重使用以下的办公室礼仪。只有学会使用以下的种种礼仪，才能得到中国人的尊重和帮助，助你最终取得成功。

1) 在办公室工作要用文明五句：a)问候语：您好！ b)请求语：请 c)感谢语：谢谢 d)抱歉语：对不

[7] 和谐 héxié
[형] 잘 어울리다. 조화롭다.

[8] 照应 zhàoyìng
[동] 돌보다.

[9] 冲突 chōngtū
[명][동] 충돌(하다).

[10] 合群 héqún
[동] 사람들과 잘 어울리다.

[11] 关键 guānjiàn
[명] 관건.

[12] 宽容 kuānróng
[동] 너그럽다.

[13] 树立 shùlì
[동] 세우다. 확립하다.

[14] 容纳 róngnà
[동] 받아들이다. 포용하다.

[15] 协助 xiézhù
[동] 협력하다. 협조하다.

起 e) 道别语：再见。

2) 在办公室工作要做到： a) 眼到：即要目中有人，用微笑的眼光与人打招呼。b) 口到：意为说话时要懂得因人而异，礼貌用语也要用的到位。c) 意到：即心意要到。表情要自然、真诚、互动、大方，真正做到礼由心生。

3) 办公室通联礼仪：

a) 电话礼仪： 通话时间以双方预先约定的时间和双方方便的时间为最佳。但切忌不要在他人休息的时间、每日上午7点前、晚上10点后、午休时间、用餐时间、有时差的时候、节假日、私人时间、通话高峰[16]、业务繁忙时间打电话。

通话的时间："以短为佳，宁短勿长"，切记"三分钟原则"。通话内容：要事先做好准备，简明扼要，适可而止，还要注意语言、态度、举止的文明有礼。

接电话礼仪：要及时接听，通常以铃声响三次后接听为最好。还要谦和应对，主次分明。代接电话时：要以礼相待，尊重隐私[17]，传达及时准确。

b) 移动通信礼仪： 使用时要遵守公共秩序[18]。在公共场合使用移动通信工具时切忌声音过大。在上班时间不允许用通信工具私自聊天；

16) 高峰 gāofēng
[명] 최고봉. 절정.

17) 隐私 yǐnsī
[명] 프라이버시. 사생활.

18) 秩序 zhì xù
[명] 질서.

不允许在聚会期间，如开会、会见、上课时使用移动通信工具。

使用时要注意安全：切记不要在开车时、在病房、油库和飞机飞行期间使用移动通信工具。同时，也应将其置放在**适当**[19)]的位置，既方便使用，又**合乎**[20)]礼仪。

19) 适当 shì dàng
[동] 적당하다.

20) 合乎 hé hū
[동] ~에 맞다.

注释

1 理所应当

成语 意思为：从道理上说应当这样。

성어 도리상 마땅히 그래야 한다는 의미이다.

例 通常下级服从上级是理所应当的。

하급자가 상급자에게 복종하는 것은 당연한 이치이다.

这次的任务理所应当地又落到了他的头上了。

이번 임무도 당연히 그에게 맡겨졌다.

2 方

副词 通常用于书面语。方才，表示时间或条件关系。

부사 통상 문어체로 쓰인다. 비로소. 시간이나 조건 관계를 나타낸다.

例 天黑以后，他方才回来。

날이 어두워진 후에야 그는 돌아 왔다.

申请被批准后，方可开始正式工作。

신청이 승인된 후에야 정식으로 일할 수 있다.

3 放“绿灯”

“绿灯”的原意为：安装在交叉路口，指示可以通行的绿色信号灯。

引伸义为：对某事表示同意的态度，助其成事。

‘绿灯’의 원뜻은 교차로에 설치되어 통행이 가능함을 알려주는 녹색 신호등이다. 파생된 의미는 ‘어떤 일을 이룰 수 있도록 동의를 표하다(청신호를 켜다/승인하다)’이다.

例 我们要严把质量关，不能对有质量问题的产品随便放“绿灯”。

우리는 품질 관리를 철저히 해야 하며 품질 문제가 있는 제품에 함부로 '청신호'를 켜주어서는 안 된다.

这件事，我们应对它放“绿灯”。

우리는 이 일을 '통과'시켜 주어야 한다.

4 以礼相待

成语 用应有的礼节对待人。

성어 합당한 예의로 사람을 대하다.

例 对待外宾，要不卑不亢，以礼相待。

외국 손님을 대할 때는 비굴하지도 거만하지도 않게 합당한 예의로 대해야 한다.

老董事长不管对谁都以礼相待，赢得了全公司人的爱戴。

이사장은 누구에게나 예의로 대하여 전사원들의 사랑과 지지를 받았다.

5 因人而异

成语 因人的不同而有所差异。或谓因对象不同，而采取的方法也有所不同。

성어 사람에 따라 차이가 있다. 혹은 대상이 다르면 취하는 방법도 다소 다름을 일컫는다.

例 对这个问题的评价，也是因人而异的。

이 문제에 관한 평가는 사람마다 다르다.

由于顾客们的喜好因人而异，所以我们制定了许多种消费方案。

고객의 기호는 사람마다 다르기 때문에 우리는 여러 종류의 소비 방안을 만들었다.

6 宁……勿……

宁：宁可。表示比较两方面的利害得失后选取的一面。
勿：表示禁止或劝阻，相当于"不要"。
这个常用句式的意思为：在比较前后两方面的利害得失后，选择前面的一面。

宁：차라리. 오히려. 두 측면의 이해득실을 따진 후에 한쪽을 선택한다는 뜻이다.
勿：금지하거나 멈추도록 말리다. '不要'에 해당한다.
이 상용문형의 의미는 '전후 양 측면의 이해득실을 비교한 후 앞의 것을 선택하다'이다.

例 选择装饰品时，一定要遵守宁缺勿滥的原则。

장식품을 고를 때는 넘치는 것보다 부족한 편이 낫다는 원칙을 지켜야 한다.

商务电话应做到宁短勿长，言简意赅。

비즈니스 전화는 긴 것 보다는 짧은 편이 나으며, 말은 간단하게 의미는 정확하게 한다.

7 简明扼要

成语 多指发言或写文章简单明白，抓住要点。
성어 말이나 글이 간단명료하고 요점을 짚어냄을 주로 가리킨다.

例 演讲的时间有限，所以讲稿一定要简明扼要，条理分明。
연설에 시간적 제약이 있기 때문에 원고가 간단명료하고 조리가 분명해야 한다.
这位作家作品的主要风格，就是简明扼要，从不啰嗦。
이 작가 작품의 주된 풍격은 간단명료하고 말이 많지 않다는 점이다.

8 适可而止

成语 到了适当的程度就停止，指做事不过分。
성어 적당한 정도가 되면 멈추며, 일을 하는데 지나치지 않음을 가리킨다.

例 批评他人要做到适可而止，否则可能会收到相反的效果。
다른 사람을 비평하는 것은 적당한 선에서 그만 둬야 하며, 그렇지 않은 경우 역효과를 낼 수 있다.
做事应该适可而止，力度不够或是太过都是不好的。
일은 적당한 선에서 해야 하며, 모자라거나 넘치는 것 모두 좋지 않다.

练习

听课文后回答问题。

다음 문장을 잘 읽고 본문 내용에 부합되면 '对', 부합되지 않으면 '错'에 체크하세요.

1) 中国人历来不重视个人地位的高低。

对 错

2) 与合作方的上下级都搞好关系,是谋事成功的重要条件之一。

对 错

3) 若遇到急事,可以不用先取得领导的同意。

对 错

4) 要想与中国同事搞好关系,就要多打听他人的隐私。

对 错

5) 礼多人不怪。在中国工作,要遵守办公室礼仪。

对 错

6) 在公共场合,可以使用移动通信工具大声讲话。

对 错

选词填空。

다음 각 문장의 밑줄 친 부분에 알맞은 단어를 보기에서 찾으시오.

보 기	a. 反馈	b. 分寸	c. 隐私	d. 和谐	e. 容纳	f. 高峰

1) 上班 ______ 期常常堵车。
2) 新建的大会议室可以 ______ 三千人。
3) 这幅画的颜色很 ______ ,适合挂在大厅。
4) 在办公室工作,要学会尊重他人的 ______ 。
5) 他做事很有 ______ ,请各位放心吧。
6) 请及时向我们提供顾客的 ______ 信息,以便我们能切实了解消费者的需求。

快速阅读课文后用中文回答。

본문을 속독한 후 다음 문제에 중국어로 답하시오.

1) 本文中你最感兴趣的句子、段落是什么?
   본문에서 가장 흥미롭게 느낀 문장이나 단락은?

2) 本文中你认为最难理解的句子、段落是什么?

본문에서 가장 난해했던 문장이나 단락은?

3) 从本文中你学到了哪些你认为有用的生词和句式?

본문에서 배운 것 중 유용하다고 여겨지는 단어와 문장형식은 무엇입니까?

4) 从本文中你了解到了哪些内容? 请谈一谈你所了解的一些中国人如何处理上下级关系、同事关系等情况。

본문 속에서 어떤 내용을 이해하게 되었나요? 중국에서 상하급 관계 및 동료와의 관계에 어떻게 대처해야 하는지에 대해서 말해 보세요.

MEMO

附录

中国人的馈赠礼仪 (二)

馈赠须知 (二)

A、**礼品的包装：**要讲究材料、色彩、图案及其包裹的样式, 要做到包装精美，且具有高雅的情调和艺术性。

B、**赠送的礼节：**通常情况下, 礼物应当面赠送。但当众只给一群人中的某一位赠礼是不合适的。即使给亲密关系的人赠礼也不宜在公开场合进行。只有象征精神方面的礼物才适宜在众人面前赠送, 如：锦旗、花篮等。送礼时需要有平和友善的态度、落落大方的动作并伴有礼节性的语言, 才易使受礼者接受礼品。赠送礼物的时间选择在相见或道别时为最佳。

C、**送礼的时机如下：**a) 节日或出游前后的拜访；b) 道喜、道贺、道谢之时；c) 安慰鼓励之时；d) 当别人遇到困难时；e) 亲朋好友之间的拜访；f) 一个工厂或公司成立；g) 相熟公司周年庆典；h) 一个大客户过生日、结婚、病愈等时；i) 一个重要部门的领导需要公关；j) 某人向你提供生意的资讯或商机。

D: **送礼的禁忌：**a) 给年长多病或刚刚离退休的人送钟表；b) 给准备参加体育比赛或其他比赛的人送书；c) 给有生理缺陷的人送他们无法使用的礼品；d) 用刀剪送人；e) 为异性朋友送贴身用品；f) 花束不取掉包装送人；g) 过时送礼, 事后补礼等等。

E: **礼物的接受礼仪：**a) 接受礼物时应做到有礼、得体，大大方方、欣然接受并表示谢意；b) 若要拒绝时, 也应该婉言拒收, 既要表明谢意又要坦陈拒收的原因和理由, 礼物最好尽快或者当场退回；c) 礼尚往来。接受馈赠后, 要准备礼物, 以得当的方式回赠对方。

중국인의 선물 매너(2)

선물을 줄 때 주의할 점(2)

A. 선물의 포장 : 재료, 색채, 도안 및 포장하는 구체적인 방법 등을 꼼꼼히 따져서, 포장이 정교하면서도 아름다워야 하며, 고상한 분위기와 예술성을 아울러 지니도록 한다.

B. 선물 주기 매너 : 일반적인 상황에서 선물은 직접 건네 주어야만 한다. 하지만 여러 사람 앞에서 특정한 한 사람에게만 선물하는 것은 적절치 못하다. 설사 가까운 사람에게 선물을 하더라도 공공장소에서는 곤란하다. 우승기, 꽃바구니와 같이 정신적인 상징을 띤 선물이라면 여러 사람 앞에서 줄 수 있다. 선물을 건넬 때는 평온하고 우호적인 태도, 점잖은 행동이 필요하며 이와 함께 격식을 차린 말을 곁들여야 선물을 받는 사람이 편안하게 받아들일 수 있다. 선물을 주는 시기로는 만나자마자 혹은 헤어질 때가 가장 좋다.

C. 선물을 주는 시기는 다음과 같다. a) 명절이나 여행가기 전후에 방문 했을 때 b) 축하나 감사의 말을 할 때 c) 위로나 격려를 할 때 d) 어려움을 겪을 때 e) 친척, 친구간의 방문 f) 공장이나 회사를 설립했을 때 g)친숙한 회사의 연례 경축 행사 때 h) 중요한 고객의 생일, 결혼, 완쾌 등 I) 중요한 부서의 리더가 홍보를 할 때 j) 누군가 당신에게 비즈니스 관련 정보나 기회를 제공할 때

D. 선물에서의 금기 : a) 연로하여 병치레가 잦거나 퇴직한지 얼마 안 되는 사람에게 시계를 선물하는 것 b) 스포츠 경기 혹은 기타 경기에 참가할 사람에게 책을 선물하는 것 c) 신체적 결함이 있는 사람에게 그로서는 사용할 수 없는 선물을 하는 것 d) 칼이나 가위 e) 이성친구에게 몸에 직접 닿는 물건을 선물하는 것 f) 꽃다발의 포장을 풀지 않고 선물하는 것 g) 때가 지난 선물이나 뒤늦게 선물하는 것 등등.

E. 선물을 받는 매너 : a) 선물을 받을 때는 예의 바르고 점잖게, 기쁘게 받으며 감사를 표한다 b) 거절할 때에도 완곡하게 말로 해야 하며, 감사의 뜻을 전하면서도 받을 수 없는 까닭을 솔직하게 말하고, 선물은 가능한 빨리 혹은 그 자리에서 돌려 준다. c) 오는 정이 있으면 가는 정이 있다. 선물을 받은 후에는 자신도 선물을 준비하여 적절한 방식으로 상대방에게 답례해야 한다.

第 13 课

洽谈签约（洽谈、签约、饯行、出境）

협상 및 계약체결(협상, 계약체결, 송별, 출국)

内容概要

本课介绍：中国商务文化中的有关洽谈签约方面的一些注意事项。通过对洽谈签约过程中应注意的方法和礼仪的介绍，以及对饯行和出境等相关知识的叙述，使你对与商务洽谈签约有关的知识，有一个初步的了解，帮助你最终取得成功。

学习目标

1. 了解与中国人进行商务洽谈签约时应注意的礼仪。
   중국인과 비즈니스 협상을 할 때 주의해야 할 매너에 대한 기초적인 이해를 갖는다.

2. 初步了解并掌握饯行和出境时应注意的事项。
   송별 및 출국 시에 주의해야 할 사항에 대한 기초적인 이해를 갖는다.

3. 理解并掌握成语："蓬头垢面"、"大功告成" 的用法。
   성어 '蓬头垢面', '大功告成'의 용법을 이해하고 익힌다.

4. 理解并掌握常用句式 "……是……的一个环节" 的用法。
   상용문형 '……是……的一个环节'의 용법을 이해하고 익힌다.

5. 理解并掌握条件复句："不论……, 都……" 的用法。
   조건복문 '不论……, 都……'의 용법을 이해하고 익힌다.

6. 理解并掌握形容词："通常"、动词"取得" 的用法。
   상용어 '通常', '取得'의 용법을 이해하고 익힌다.

7. 理解并掌握常用句式："……被视为……" 的用法。
   상용문형 '……被视为……'의 용법을 이해하고 익힌다.

8. 理解并掌握文化背景知识："来而不往非礼也" 的含义。
   문화적 배경 지식인 '来而不往非礼也'의 뜻을 이해하고 익힌다.

阅读

洽谈签约(洽谈、签约、饯行、出境)

商务洽谈、签约是商务活动中最重要的一个环节。因此，在商务洽谈签约活动中，中国人非常重视：友好**和蔼**[1]、积极合作、相互敬重、平等**互惠**[2]等商务谈判时的礼仪原则。

A、商务洽谈礼仪：

（1）商务洽谈的技术准备：

a: **搜集**[3]信息、提供资料。包括：己方信息：经济实力、技术实力、竞争实力等。对方信息：对方公司的基本情况、法人资格、**信贷**[4]状况、经营范围、主导产品、银行的信誉证明、洽谈对手的基本情况等。

b: 熟悉洽谈程序中的：**探询**[5]、准备、**磋商**[6]、小结、再磋商、总结、洽谈七个**步骤**[7]。

c: 熟悉并灵活运用平等互利的洽谈**策略**[8]等。

（2）商务洽谈的礼仪准备：

a: 仪表准备：洽谈人员的服装要整洁、端庄、高雅，可以穿正式的礼仪服装（男士应穿西装、女士应穿西装套装等）。另外，精神要**饱满**[9]，不准蓬头垢面，女士还应选择端庄的

生词

1) 和蔼 héǎi
[형] 부드럽다.

2) 互惠 hùhuì
[명][동] 호혜. 서로 이익을 주고 받다.

3) 搜集 sōují
[동] 수집하다.

4) 信贷 xìndài
[명] 신용대부.

5) 步骤 bùzhòu
[명] 단계. 차례.

6) 探询 tànxún
[동] 탐문하다.

7) 磋商 cuōshāng
[명][동] 협의(하다). 절충(하다).

8) 策略 cèlüè
[명] 전술. 전략.

9) 饱满 bǎomǎn
[형] 충만하다.

发型，并化淡妆等。

b：地点的确定：客座洽谈（指在洽谈对手所在地进行的洽谈）；主座洽谈（指在我方所在地进行的洽谈）；客主座**轮流**[10]洽谈（指在洽谈双方所在地轮流进行的洽谈）；第三地点洽谈（指在不属于洽谈双方任何一方的地点所进行的洽谈）

c：座次的安排：举行双边谈判时，一般使用长桌或椭圆形桌子，宾主分别坐于桌子的两侧。而各方的主谈人员在自己的一方居中坐，而其他人员则**遵循**[11]右高左低的原则，依职务的高低自远而近分别在主谈人的两侧就坐（译员应坐在主谈人的右侧）。有关各方与会人员都应尽量同时入场就座。

（3）商务洽谈的礼仪方针[12]**：**尊敬对手、依法办事、平等协商、**坦诚**[13]相见、互惠互利、举止文雅大方、语言准确**严谨**[14]、礼貌文明。洽谈结束，不论己方收益如何，都应有礼貌的与对方握手道别。

B、商务签约仪式礼仪：

签约仪式是为了体现合同的严肃性。一般情况下，签字仪式需要15－20分钟。其礼仪规范比较严格。通常

10) 轮流 lúnliú
[동] 교대로 하다.

11) 遵循 zūnxún
[동] 따르다.

12) 方针 fāngzhēn
[명] 방침.

13) 坦诚 tǎnchéng
[형] 솔직하다. 진솔하다.

14) 严谨 yánjǐn
[형] 엄격하다.

有下几个步骤：

首先，应做文本[15]准备，并确定签字仪式的参加人员。 参加签字仪式的人员，基本上是双方参加会谈的全体成员。双方参加的人数应该大体相同，双方签字人的身份、职位应该大体相当。

其次，应该规范服饰。 签字人、助签人及随员，在出席签字仪式时，应着西装、中山装、西装套裙、旗袍、工作制服等正装。

再次，应遵守签字仪式座次的安排。(如下图所示)

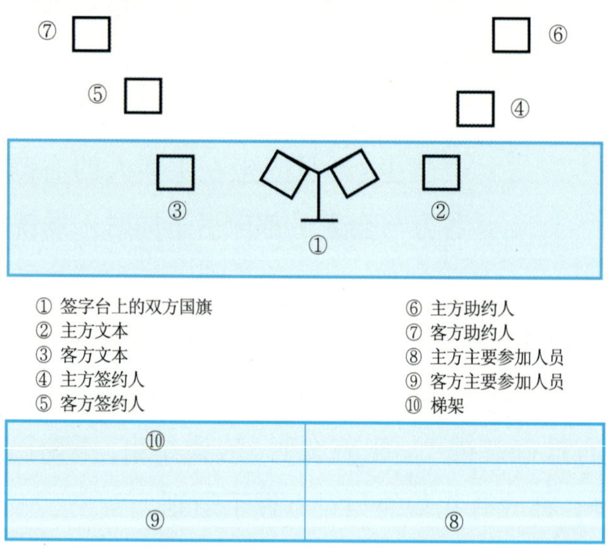

第四，签字仪式程序：

当有关各方人员在位次上各就各位[16]，签字仪式正式开始。由助签人员分别在签字人员左边，翻开文本，

15) 文本 wénběn
[명] 원본. 문건.

16) 各就各位 gèjiù gèwèi
각자 제자리에 앉다.

17) 签署 qiānshǔ
[동] 서명하다. 체결하다.

指明签字地方。各方签字人均先签署[17]己方保存的合同文本，然后再交由他方签字人签字。各方签字人员互换文本，并互相握手。大家举杯同庆，最后合影留念。

C、饯行、出境

(1) 饯行：

在与中国人的商务活动中，欢迎和送别的宴请是不可缺少的一个环节。中国人重视长期合作关系。所以当签订了合同、大功告成以后，中国商人一定会举行饯行告别晚宴的。在饯行宴会上，除了举杯庆祝合作成功外，更重要的是借此机会，来巩固双方的关系，以表示今后愿意继续合作的诚意。

饯行宴会的礼仪与欢迎宴会相同。但饯行宴会上，中国人通常会准备一两件有意义的礼物相送，来表示对双方友谊的重视。你如要和中国商人打交道，最好也准备一些礼物回赠[18](所谓"来而不往非礼也")。回赠的礼物应该是贵国自己制造的。送礼品的包装纸颜色一般最好为红色，因为红色代表着好运和喜庆[19]，但切忌用白色和黑色的包装纸，因为这代表着悲伤和死亡。同时，中国人一般讲究礼品成双，因为奇数[20]被视为不吉利。还有：中国人忌讳送"钟"和"伞"，因为"送钟"，等于"送终"；"送伞"，等于"散"，即分离的意思，请切记！

[18] 回赠 huízèng
[동] 답례선물을 하다.

[19] 喜庆 xǐqìng
[명][형] 경사(스럽다).

[20] 奇数 jīshù
[명] 홀수.

(2) 出境：

当你结束了在中国的商务活动后，你应做好出境前的准备。出境前仍需准备护照、签证、行李、机票等。办理出境手续的各项要求，一般等同于办理入境手续。所不同的是：在机场，你应该填写《出境登记卡》(见后附录)。另外，当你顺利抵达后，你需在最短的时间内，给你在中国的合作伙伴写一封真诚、热情的感谢信。

至此，你的中国商务之行已圆满结束。只有学习了以上种种中国商务文化的知识后，你才能真正地了解中国人，才能助你在中国的生意场上取得成功。

注释

1 ……是……的一个环节

用于强调某一环节的性质。
어떤 부분의 성질을 강조할 때 쓰인다.

例 签约是商务洽谈活动中的最后一个环节。
계약체결은 비즈니스 협상에서의 마지막 부분이다.
索赔问题的也是商务谈判中的一个重要环节。
손해배상 문제이자 비즈니스 담판에서의 중요한 부분이다.

2 蓬头垢面

成语 形容头发很乱,脸上很脏的样子。
성어 머리카락이 흐트러지고 얼굴이 더러운 모습을 나타낸다.

例 她蓬头垢面的样子逗笑了大家。
그녀의 봉두난발하고 더러운 모습은 모두의 웃음을 샀다.
在正式的场合,应避免蓬头垢面、衣不合体。
공식 장소에서는 단정치 못한 모습이나 어울리지 않는 옷차림을 피해야 한다.

3 不论……，都……

条件复句 表示结果不因条件的改变而改变。

조건복문 조건이 바뀌더라도 결과는 바뀌지 않음을 나타낸다.

例 不论多么困难，我们都会按时完成任务的。

아무리 많은 어려움이 있더라도 우리는 제시간에 임무를 완수할 것이다.

不论明天下不下雨，我都要去。

내일 비가 오든지 오지 않든지 나는 갈 것이다.

4 大功告成

成语 指大的工程、事业或重要任务宣告完成。

성어 큰 공사, 사업 혹은 중요한 임무를 완수했음을 나타낸다.

例 明天签约仪式结束后，这次的洽谈便大功告成了。

내일 계약조인식이 끝나면 이번 협상은 성공적으로 해낸 것이다.

终于写完了最后一章，真可谓大功告成了。

마침내 마지막 장을 다 썼으니, 정말이지 큰일을 해낸 것이다.

5 通常

形容词(属性词)　　意思为：一般；平常。
형용사, 속성사　　'일반적으로', '보통'이란 의미이다.

例 他通常六点钟就起床了。
그는 보통 6시에 기상한다.
按照通常的情况, 这样的连阴雨还会持续地下好几天呢。
일반적인 상황이라면 이렇게 연일 내리는 비는 며칠 지속될 것이다.

6 来而不往非礼也

中国人讲究"礼尚往来", 即在礼节上讲究有来有往。现在也指你对我怎么样, 我也对你怎么样。

중국인은 '오는 정이 있으면 가는 정이 있음'을 중시한다. 즉, 예의상 서로 주고받는 것에 신경 쓴다. 지금은 '네가 내게 어떻게 하느냐에 따라 너에 대한 내 태도도 달라진다'는 의미를 가리키기도 한다.

例 所谓"来而不往非礼也"嘛, 我们不能只收礼物而不回赠。
'오는 정만 있고 가는 정이 없으면 예의가 아니다'라고 하듯이, 선물을 받고 답례를 안 할 수는 없다.
"来而不往非礼也"他怎么对待我, 我就怎么回报他。
'오는 정만 있고 가는 정이 없으면 예의가 아니지', 내가 그를 어떻게 대하느냐는 그가 나를 어떻게 대하느냐에 달렸다.

7 ……被视为……

视：看。意思为：……被看作是……。

视：보다. '……는 ……로 간주된다'를 뜻한다.

例 在公共场合随意吸烟，被视为不雅。

공공장소에서 마음대로 흡연을 하면 교양이 없다고 간주된다.

上海因其美丽繁华，而被视为"东方明珠"。

상하이는 아름답고 번화하여 '동방의 진주'로 불리운다.

8 取得

动词 得到。

동사 얻다.

例 我们会尽快跟您取得联系的。

우리가 가능한 빨리 당신에게 연락하겠다.

不懈的努力，是他取得成功的关键。

부단한 노력은 그가 성공을 거둔 열쇠이다.

练习

听课文后回答问题。

다음 문장을 잘 읽고 본문 내용에 부합되면 '对', 부합되지 않으면 '错'에 체크하세요.

1) 商务洽谈的技术准备包括搜集信息，即收集包括己方和他方的信息等。

对　　错

2) 在洽谈中，双方应遵循平等互利的洽谈原则。

对　　错

3) 签字人应先签署他方保存的合同文本。

对　　错

4) 饯行晚宴的目的，只是为了给对方送行。

对　　错

5) 中国人一般讲究礼品成单，因为双数被视为不吉利。

对　　错

6) 出境前也需准备护照、签证、行李、机票等。

对　　错

选词填空。

다음 각 문장의 밑줄 친 부분에 알맞은 단어를 보기에서 찾으시오.

보 기	a. 和蔼	b. 磋商	c. 轮流	d. 坦诚	e. 各就各位	f. 严谨

1) 双方 ______ 的态度，是谈判成功的基础。
2) 他每周都安排几个学生 ______ 去打扫实验室。
3) 经过十几天的 ______ ，双方终于达成了共识。
4) 运动员们 ______ 后，比赛就开始了。
5) 李先生是位 ______ 的老人，他的脸上总是挂着笑容。
6) 治学的态度要 ______ 。

快速阅读课文后用中文回答。

본문을 속독한 후 다음 문제에 중국어로 답하시오.

1) 本文中你最感兴趣的句子、段落是什么？
   본문에서 가장 흥미롭게 느낀 문장이나 단락은?

2) 本文中你认为最难理解的句子、段落是什么?

본문에서 가장 난해했던 문장이나 단락은?

3) 从本文中你学到了哪些你认为有用的生词和句式?

본문에서 배운 것 중 유용하다고 여겨지는 단어와 문장형식은 무엇입니까?

4) 从本文中你了解到了哪些内容? 请谈一谈你所了解的一些在中国进行洽谈签约的相关知识。

본문 속에서 어떤 내용을 이해하게 되었나요? 중국에서 협상 및 계약체결 관련 지식에 대해 당신이 이해한 바를 말해 보세요.

附录

出境登记卡

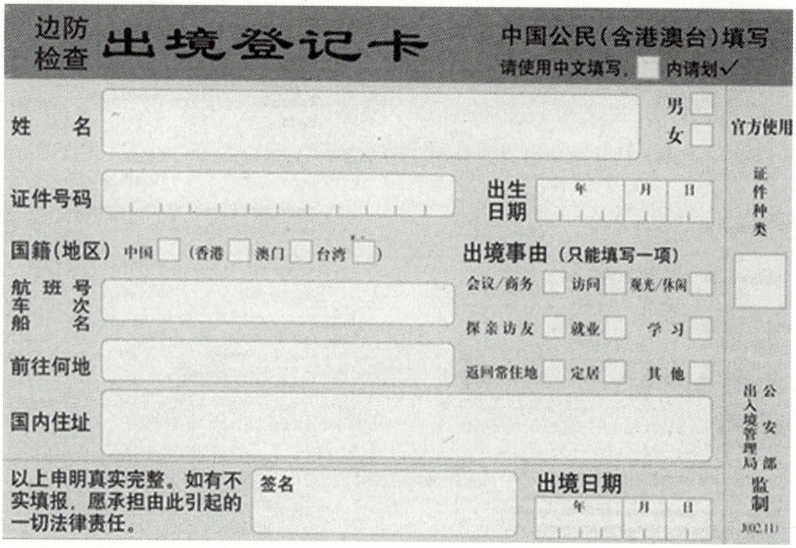

边防检查 出境登记卡

中国公民(含港澳台)填写

请使用中文填写，□内请划✓

姓　名　　男□ 女□

证件号码　　出生日期 年 月 日

国籍(地区) 中国□ (香港□ 澳门□ 台湾□)

出境事由(只能填写一项)

航班号 车次 船名

会议/商务□ 访问□ 观光/休闲□

探亲访友□ 就业□ 学习□

前往何地

返回常住地□ 定居□ 其他□

国内住址

以上申明真实完整。如有不实填报，愿承担由此引起的一切法律责任。

签名

出境日期 年 月 日

官方使用

证件种类

公安部出入境管理局监制

부 록

해석 및 연습문제 정답

제1과 본문 해석 및 정답

본문해석

중국의문화와 비즈니스 활동

중국은 국토가 광활하고 자원이 풍부하며, 거대한 잠재력을 갖춘 개발도상국이다. 특히 중국의 개혁개방 정책이 심도있게 발전하면서, 중국 경제는세계가 주목할 성과를 거두었으며 전세계에 많은 비즈니스 기회를 제공하고 있다. 이는 중국이 이미 무시할 수 없는 '세계의시장'이 되었음을 의미한다.

중국은 또한 수천 년의 유구한 역사와 문화를 지닌 나라이기도 하다. 이는 또한 중국인의 사상과 생활에도 깊은 영향을끼쳤다. 경제 활동 속에서 중국만의 특색을 띠는 비즈니스 문화 환경이 점차 형성되었다. 외국기업들이 중국에 가서 발전 기회를 모색할 때, 중국인의 특징, 중국에서의 인간관계 및 중국인과 교류할 때 주의해야 할 여러 문제들을 먼저 알아야 중국인과의 비즈니스 교류 및 의사소통에 이로울 것이다.

중국인은 유가사상과 도가사상의 영향을 깊이 받았다. 중국문화의 두드러진 특징은 응집성, 포용성과 다양성에서 나타난다. 예를 들면, 중국인은 가정을 중시하여 가정, 가족애, 지연 등을통해 친밀한 인간관계를 구축하곤 한다. 많은 사람들은 고향을 떠나 외지에서 일하고 싶어하지 않는데, 이것이 바로 소위 '故土難離: 고향땅은 차마 떠나기 어렵다', 심지어는 외지에서 오래 머물다가도 '葉落歸根:잎이 떨어지면 뿌리로 돌아가야 한다'이다. 따라서 중국 사람들과 교류할 때 그들이 정을 중시한다는 특징을 알아야 한다.

중국은 다민족 국가이기도 해서 민족마다 모두 자신의 문화적 특성을갖추었으며 각 민족간의 상호작용으로 다원화된 중국 문화를 형성했다. 게다가 중국은 땅이 넓기 때문에 민족

문화와 지역문화 간에도 많은 차이가 존재한다. 예를 들면 중국은 곧잘친링(秦嶺)산맥과 후이허(淮河)를 남북 분계선으로 삼곤한다. 북방 사람의 성격적 특징은 주로 호쾌함, 솔직함 등을 들 수 있고, 남방 사람은 총명함, 꼼꼼함 등을 들 수 있다. 따라서 중국인과 교류할 때 같은 방식을 써서는 안된다.

그외에, 중국인은 겸허를 미덕으로 여기며, 화합, 중용 및 집단주의를 중시한다. 만약 지나치게 자신만을 강조한다면 중국인의 반감을 살 수도있다. 중국 회사와 비즈니스 활동을 진행하다 보면 중국 회사의 결정에 종종 많은 시간이 소요됨을 알게될 것이다. 그것은 바로 결정을 하는데 모든 구성원의 만장일치가 필요하기 때문이다. 중국인의 이런 전통적 집단주의사상은 사원의 책임감과 충성도를 기르는데 유리하다. 이 점은 서양인이 개인의 자유와 권리를 강조하는 특징과 다르다.

중국은 우호적인 국가이며, 각 국가와 더 많은 교류와 협력을 기대하기도 한다. 하지만 외국기업이 중국인과 비즈니스 거래를 하려면 먼저 시장 조사를 잘 하고 현지의 비즈니스문화를 충분히 이해해야 한다. 즉, '入鄕問俗: 로마에 가면 로마법을 따르라'는 말처럼 현지의 풍속을 존중해야하며 자신만이 옳다는 생각은 금물이다. 적극적으로 중국인들의 활동에 참여하여 그들에게 '친화감'을 심어주고, 융통성 있게 중국인의 사고방식, 심리 및 행동방식을 대하여야 한다. 진정으로 '나를 알고 상대를 알아야' '백전백승'할 수 있으며 중국시장에서 성공을 거둘 수 있다.

연습문제 해답

♣ 听课文后回答问题

1) 错　2) 对　3) 错　4) 错　5) 对　6) 对

♣ 选词填空

1) f　2) e　3) b　4) a　5) c　6) d

제2과 본문 해석 및 정답

본문해석

입국 시 주의사항

중국에 가려 한다면 먼저 다음과 같은 입국 시 주의사항을 반드시 알아야 한다.

출국 전에 여권, 비자, 여행짐, 비행기표 등을 준비해야 한다. 출입국 수속에는 일반적으로 국경보안검사, 세관검사, 안전검사, 검역 등이 포함된다. 이들 기관은 통상적으로 공항, 터미널, 부두 등의 출입국 지역에 있다.

중국 항공권을 구입할 때 다음 몇 가지에 주의해야 한다.

1. 신분증을 소지하고 표를 구입: 비행기표를 구입할 때 유효한 신분증을 제시하고 〈여객 좌석 예약서〉를 작성한다.
2. (좌석)등급에 따른 표를 구입: 비행기표는 가격에 따라 3가지 등급으로 나뉘는데 퍼스트클래스가 가장 비싸고, 비즈니스클래스가 그 다음이며 이코노미클래스가 가장 저렴하다.
3. 비행기표의 유효기간: 정상가인 비행기표의 유효기간은 1년이다. 유효기간 내에 비행기표는 한 번에 한해 변경가능하며 운행(항공 또는 선박)편이 출발하기 24시간 전에 (변경 신청을) 제기해야 한다.
4. 비행기표는 양도할 수 없다. 필요한 경우 재확인해야 한다.
5. 환불: 항공노선은 출발하기 24시간 전에 환불할 경우 운임표 가격의 5%를 수수료로 내도록 규정한다.

   항공노선은 출발하기 24시간 내에 환불할 경우 운임표 가격의 10%를 수수료로 내도록 규정한다.

   항공노선은 출발하기 2시간 내에 환불할 경우 운임표 가격의 20%를 수수료로 내도록 규정한다.

항공노선이 출발한 후에 환불할 경우, 비행기를 놓친 경우로 처리하며 운임표 가격의 50%를 환불수수료로 내도록 규정한다.

중국 비행기를 탈 때, 다음의 휴대수하물 관련 현행규정을 준수해야 한다.

1. 기내반입수하물(Hand-carry baggage): 퍼스트클래스 항공권을 소지한 승객은 1인당 수하물 2개, 비즈니스클래스와 이코노미클래스 항공권을 소지한 승객은 1일당 수하물 1개를 (기내로) 반입할 수 있다. 또한 각 물품은 5㎏을 초과할 수 없다.
2. 무료 위탁수하물: 퍼스트클래스는 40㎏, 비즈니스클래스는 30㎏, 이코노미클래스는 20㎏이다. 하중을 초과한 수하물은 비용을 지불해야 한다. 또한 위탁수하물의 하중은 50㎏을 초과할 수 없으며 크기 제한이 있다.
3. 탁송 금지 물품: 운송 금지 물품, 위험물, 독특한 냄새가 나는 물품이나 기체(機體)에 손상을 주기 쉬운 기타 물품은 탁송이나 반입을 금지한다.

중요한 서류·자료, 외교적 서한, 유가증권, 화폐, 환어음, 귀중품, 쉽게 깨지거나 부패하는 물품 내지 기타 별도의 관리가 필요한 물품 등도 탁송하기에 적당치 않다.

총기류, 탄약, 칼, 날카로운 물건, 동물, 자성물질, 불안정물질, 방사성물질 등은 기내 반입이 안 된다.

그 외에, 중국 세관으로 입국할 때, 여권, 기입 완료된 입국신고서, 건강확인서와 세관신고서도 준비해야 한다. 또한, 500위안 이상의 선물(샘플은 면세 가능)은 세금을 납부해야 한다.

연습문제 해답

♣ 听课文后回答问题

1) 对　2) 错　3) 错　4) 错　5) 对　6) 对

♣ 选词填空

1) c　2) a　3) d　4) b　5) f　6) e

제3과 본문 해석 및 정답

본문해석

중국 호텔 소개

중국의 호텔은 '宾馆', '饭店' 혹은 '酒店'이라고 부른다. 가장 좋은 호텔은 5성급(星級) 호텔이다. 예를 들어, 상하이의 힐튼호텔, 베이징의 창청호텔, 시안의 진화호텔 등등이 있다. 중국 정부는 3성급 이상의 호텔만이 외국인에게 서비스를 제공할 수 있다고 규정했다. 그 외에 '외국인 투숙 허가증'을 받은 기타 호텔이나 여관도 외국인에게 서비스를 제공할 수 있다. 호텔 안에는 일반적으로 비즈니스센터가 있으며, 그곳에서 국제전화 걸기, 컴퓨터 사용하기, 팩스 보내기 등을 할 수 있다. 호텔에 투숙할 생각이라면 사전에 객실을 예약하는 편이 좋다(전화나 인터넷으로 예약).

호텔에 도착한 후, 먼저 호텔 로비의 프런트에서 '투숙객 등록카드(Registration)'를 작성하고 유효한 신분증을 제시한다. 투숙객 등록카드 상의 내용으로는 보통 이름, 국적, 생년월일, 신분증 종류, 신분증 번호, 비자 종류, 비자 유효기간, 체크인 시간, 체크아웃 시간, 담당업체 등이 있다. 중국어나 영어를 사용하여 기입할 수 있다. 다음으로 호텔보증금(deposit)을 내야 하는데 현금이나 국제신용카드로 지불할 수 있다. 그런 후에 룸카드를 받을 수 있으며, 벨보이가 방으로 안내한다.

중국의 호텔은 보통 투숙객에게 다음과 같은 통상적인 서비스를 제공한다.

1. 객실 내에 투숙객 주의사항, 업무 소개 등의 각종 관련 자료를 비치한다. 자세히 읽은 후 참작하여 사용한다.

2. 호텔은 투숙객을 위해 귀중품 보관 서비스를 무료로 제공한다.
3. 객실에는 '팻말 서비스'가 있다. 호텔메이드가 일할 수 있도록 문밖의 손잡이에 '방해하지 마시오(Do Not Disturb)' 또는 '청소해주세요(Make up please)'등의 팻말을 걸어두거나 이에 상응하는 표시등을 켜둔다.
4. 호텔에는 세탁 서비스도 제공한다. 옷을 세탁할 필요가 있을 경우 전용 세탁주머니에 넣어 객실 안에 둔다. 급히 세탁해야 한다면 사전에 말해두고 비용을 더 낸다.
5. 호텔 프런트에서는 외화 환전, 호텔예약, 비행기표 구입 및 공항 픽업 서비스 등도 제공한다.

중국의 호텔에서 투숙할 때는 다음의 매너에 주의한다.

1. 호텔 종업원들에 대해서는 평등한 위치에서 대하고 그들의 직업과 인격을 존중한다.
2. 객실 내에서 손님을 응대할 때는 다른 사람의 휴식에 방해가 되지 않도록 조용히 한다. 응대 시간이 너무 길거나 내방객을 객실에 묵게 해서는 안된다.
3. 안마사를 객실로 불러서는 안된다.
4. 객실에 머물면서 청결을 유지하도록 신경 쓴다.
5. 호텔 내에서 활동할 때, 투숙객은 잠옷, 슬리퍼, 내의 차림으로 호텔의 공용 공간에 가서는 안 된다. 내방객은 단정치 못하거나 매너에 벗어나는 옷차림을 해서는 안 된다.
6. 투숙객은 허가되지 않은 구역에 들어가서는 안 된다. 예를 들면, 기업 사무실, 다른 투숙객의 객실, 종업원 휴게실, 옥상 등의 장소는 모두 투숙객 출입 금지구역이다.
7. 호텔 식당에서 식사할 때, 사전에 전화로 자리를 예약한다. 큰소리로 시끄럽게 하거나 마구 술을 과하게 마시지 않는다.
8. 호텔의 노래방, 댄스 홀, 산소카페, 수영장, 탁구장, 사우나실 등의 레크리에이션·휘트니스 시설에서는 장소에 맞는 옷차림을 하도록 주의한다.
9. 호텔에서는 일반적으로 아케이드, 슈퍼마켓, 전용상점 혹은 상점 판매대가 있어서 투숙객들의 쇼핑을 돕는다. 여기서 물건을 구입할 때는 보관, 선택, 지불 및 환불 규정을 지켜야 한다.

어쨌거나 중국(호텔)에서 투숙하는 이상의 여러 매너와 규칙을 잘 이해하면 매우 편하다는 생각과 '자기집에 돌아 온 듯 편안한' 느낌이 들 것이다.

연습문제 해답

♣ 听课文后回答问题。

1) 对　2) 对　3) 对　4) 错　5) 对　6) 错

♣ 选词填空。

1) d　2) e　3) a　4) f　5) b　6) c

제4과 본문 해석 및 정답

본문해석

비즈니스 미팅(1) - 시간, 복장, 소개

[시간]

중국인은 이런 말을 자주 한다. 시간은 돈이다. 시간은 생명이다. 여기서 중국인이 시간을 중요하게 여김을 알 수 있다.

A: 중국인은 사람을 만날 때, 보통 사전에 만날 시간을 구체적으로 상의하여 정한다. 시간이 일단 정해지면 다시 바꾸기 어렵다. 특별한 이유가 있다면 조속히 상대방에게 통보하고 이유를 알리고 사과한다.

B: 중국인은 만남을 가질 때, 사전 준비를 위해 일반적으로 5~10분 전에 만남 장소에 도착한다.

C: 일반적인 상황에서 만나기에 적절치 않은 시간은 몹시 바쁠 때, 명절, 새벽, 심야 내지 식사시간과 점심 후의 휴식 시간이다.

따라서 중국인과 비즈니스 문제로 만날 때는 시간을 지켜야 한다. 이는 당신이 성실하고 신뢰할 만함을 의미할 뿐만 아니라 상대에 대한 우의와 존경을 나타내기 때문이다.

[복장]

사람과 사람이 제일 처음 만날 때, 겉모습으로 서로를 알아보게 마련이다. 겉모습에서 한 사람의 신분, 학식, 능력, 성격, 태도 등을 추정하고 상대를 어느 정도까지 받아들일지 결정한다. 이것이 바로 첫인상이 심어주는 선입관이다. 복장은 종종 비즈니스맨이 성공하는 첫

걸음이기 때문에 중국인은 복장을 매우 중시한다.

A: 중국은 보수적인 국가로, 보통 '기괴한 복장', '야하고 짙은 화장', '주렁주렁 매단 보석', '짙은 향수 냄새' 등에 익숙하지 않아 한다. 특히 공식적이거나 공무 혹은 비즈니스를 위한 장소에서는 복장의 '정중하고 보수적'인 풍격을 중요시한다.

B: 통상적으로 비즈니스활동에 참여할 때, 남성의 정식 복장에는 양복, 중산복, 제복 및 민족의상 등이 있다. 여성의 정식 복장에는 양장, 치파오, 드레스 및 민족의상 등이 있다. 참여한 활동에 대한 중시와 상대에 대한 존중을 나타내도록 단정, 우아, 차분한 분위기여야 한다.

C: 비즈니스 사교활동에 참여할 경우, 공연 보기, 연회나 무도회 참석, 방문, 친목모임 참여 등에서 비즈니스맨의 복장은 '시대적 풍조'란 특징을 갖춰야 한다. 남성은 양복을 입을 수 있고, 여성은 양장이나 예복, 치파오 등을 입을 수 있다.

[소개]

소개는 인간관계에서 다른 사람과의 의사소통, 이해증진, 연대감 형성을 위한 가장 기본적이고 일반적인 방식이다. 소개 관련 매너는 통상 두 가지가 있다.

A: 자기 소개. 즉 필요한 사교모임의 경우 상대방이 자신을 인식하도록 스스로를 다른 사람들에게 소개한다. 자기 소개에는 3 가지 기본 요소가 있다. 즉, 자신의 이름, 봉직 중인 회사 및 부서, 담당 직무와 구체적인 업무 등이다. 예를 들면, "안녕하세요! 저는 리우리라고 합니다. 칭다오대학 외사처에 있으며 행정업무를 담당하고 있습니다."

자기 소개를 할 때는 반드시 자신감을 갖고 자연스런 태도로 친절하게 하며, 말은 적당한 속도로 간결하고 명확하게 하되 겸양어와 경어를 많이 사용한다. 적절한 시간을 선택하는데 주의를 기울이며, 30초에서 1분 정도가 가장 적절하다. 동시에 명함, 소개서 등을 보조수단으로 이용할 수 있다. 그러나 상대가 흥미를 느끼지 못하는 경우, 요청하지 않은 경우, 내키지 않아할 경우 혹은 휴식·식사 중이거나 무언가를 처리하느라 바쁠 때 방해해서는 절대 안 된다.

B: 타인 소개. 즉 제3자를 통해 서로 모르던 사람들이 알게 되는 경우다. 일반적인 상황에서 다른 사람이 양측 모두를 소개한다. 즉 제3자는 소개받아야 할 양측 모두를 한번씩 소개한다. 예를 들면, "제가 소개해드리겠습니다. 이분은 쟝 사장님이시고 이분은 린 회장님이세요. 서로 인사를 나누시지요."

중국에서 공무와 비즈니스 활동을 할 경우 다른 사람을 소개하는 순서는 다음과 같다. 먼저 신분이 높은 사람, 연장자, 주최자, 여성과 먼저 도착한 사람을 소개하고 난 다음 한 명씩 상대를 소개한다.

소개가 끝나면, 소개받은 양측은 예의에 따라 악수를 하고 서로 안부를 묻게 되며, 서로 명함을 건네 줄 수도 있다. 이 때 흔히 쓰는 말로는 '안녕하십니까', '영광입니다', '뵙게 되어 기쁩니다', '말씀 많이 들었습니다', '알게 되어 매우 영광입니다' 등이 있다.

어쨌거나 정확한 소개를 통해 친구를 폭넓게 사귈 수 있을 뿐만 아니라 자신을 보이고 홍보하는 데에도 도움된다.

연습문제 해답

♣ 听课文后回答问题

1) 对　2) 错　3) 对　4) 错　5) 对　6) 错

♣ 选词填空

1) d　2) a　3) b　4) f　5) c　6) e

제5과 본문 해석 및 정답

본문해석

비즈니스 미팅(2) - 악수 및 호칭

[악수]

악수는 세계적으로 가장 잘 통하는 인사 매너로 사람들이 만날 때 서로에게 인사하는 가장 보편적이 방법이다.

A: 악수하는 곳: 중국에서 통상적으로 두 사람이 처음 만날 때, 아는 사람과 오랜만에 다시 만났을 때, 작별할 때, 배웅할 때, 다른 사람에게 축하, 감사 혹은 위로를 나타낼 때, 양측의 협력 대화가 성공적일 때, 양측의 갈등이 해소되었을 때, 다른 사람에게 지지, 인정, 이해 등을 표현할 때 등등에서 모두 악수를 할 수 있다.

B: 악수 할 때, 손을 내미는 순서: 일반적인 상황에서 '윗사람이 먼저 손을 내미는 것'이 원칙이다. 예를 들면, 연장자, 상급자, 선생님, 여성, 기혼자, 직위나 신분이 높은 쪽이 먼저 손을 내밀어 연하, 하급자, 학생, 남성, 미혼자, 직위나 신분이 낮은 사람과 악수를 한다.

C: 악수의 특수한 규정: 찾아온 손님을 맞이할 때나 손님이 도착했을 때는 주인이 먼저 손을 내밀어 손님과 서로 악수를 함으로써 '환영'을 나타낸다. 그러나 손님이 떠날 때는 손님이 먼저 손을 내밀어 주인과 악수를 함으로써 '작별'을 나타낸다.

D: 악수의 조건: 악수 할 때는 상대방과 한 걸음 정도의 거리에서 바르게 서 있는 자세로 오른 손을 내밀어 상대방과 서로 악수한다. 악수 할 때 시선은 상대방을 향하고 얼굴에는 미소를 띠며 인사말도 같이 하며, 손을 잡은 후 3~5초 정도 흐른 후에 손을 놓는다. 하지만 왼손으로 악수해서는 안되며, 손을 엇갈려서 잡아도 안 된다. 악수 할 때 장갑이나 선글라스를 착용해서는 안 된다(여

성은 사교장소에서 얇은 망사장갑을 낀 채 악수를 해도 됨). 악수할 때는 힘없이 하거나 너무 세게 힘을 주어서도 안 되며, 손을 계속 잡고 있는 것 등도 실례로 여겨지며 어느 때든지 악수를 거절 해서는 안 된다.

중국에서 악수는 가장 일상적이자 우선적으로 선택되는 인사 방법이다. 따라서 중국인의 여러 가지 악수 습관 및 방식을 이해하면 더 잘 대화를 나눌 수 있고 사교 효과도 확연히 달라진다.

[호칭]

호칭은 사람이 사귀는 과정에서 사용하는 호칭과 명칭으로, 사람의 서로 다른 사상, 감정을 나타내는 중요한 수단이다. 따라서 중국인은 호칭 매너를 매우 중요시 한다.

A: 중국인은 성이 앞에 오고 이름은 뒤에 온다. 중국에서 상대의 이름을 직접 부르는 것은 대단한 실례이다. 통상적으로 자신과 직접 혹은 간접적으로 혈연관계에 있는 사람은 고정적인 호칭(예를 들면, 아버지, 어머니, 형, 누나, 동생, 여동생) 등이 있는 것 외에도 친구, 동년배와 아는 사람들은 성을 부르지 않고 직접 상대의 이름을 부른다. (존경하는 사람과 선배는 '您'이라 부른다. 동년배는 '你'이라 부른다. 친밀함을 나타내기 위해 상대방의 성 앞에 '老'나 '小'를 덧붙여 서로를 부를 수도 있다. 예를 들면, 자신보다 연장자를 '老钱', 연하인 사람을 '小孙' 등으로 부름)

B: 신분이 높은 사람이나 연로한 사람은 '先生'이라고 부른다. 예를 들면, '李先生', '王先生' 등이다.

C: 문화예술계, 교육계 인사 내지 (사회적으로) 성공하거나 지위를 갖춘 사람을 '老师'라 부른다. 예를 들면, '赵老师'가 있다.

D: 덕성과 명망이 높은 사람에게는 '公' 혹은 '老'이라고 부른다. 예를 들면, '刘公', '高老' 등이 있다.

E: 보통 사람에 대한 호칭에는 '同志', '先生', '小姐', '夫人', '太太' 등이 있으며, 직위나 직명에 맞춰 부른다.

F: 공무상 혹은 비즈니스 등과 같은 공식 장소에서는 성에 직위, 직명으로 상대방을 부른다. 예를 들면, '李董事长(리 이사장), '刘总经理(리우 사장), '张教授(장 교수)', '孙律师(순 변호사)', '吴工程师(우 기사님)', '叶主编(예편집장님)', '曹博士(차오 박사)', '王研究员(왕 연구원), '谭教练(탄 코치), '郑医生(정 의사)', '钱会计(치엔 회계사)', '俞老师(위선생님)' 등이다.

J: 그 외, 호칭을 사용할 때 주의해야 할 점: 주종관계도 살펴야 한다. 호칭의 순서는 일반적으로 (직위가) 높은 자, 연장자, 먼 관계, 여성 등이 우선이고 (직위가) 낮은 자, 연소자, 가까운 관계, 남성 등이 나중이다.

H: 호칭에서 금기할 점: 인간관계에서는 친근함, 자연스러움, 정중함을 담아 정확하게 다른 이를 불러야

한다. 즉, 실례가 되지 않도록 다른 몇 가지 잘못된 호칭은 피한다.

a. 독음에 주의: 예를 들면, 성인'仇'는 [chóu]가 아니라 [qiú]로 읽으며, '查'는 [chá]가 아니라 [zhā]로 읽고, '盖'는 [gài]가 아니라 [gě]라 읽는 것 등이다.
b. 오해를 피함: 예를 들면 미혼 여성을 '夫人' 등으로 부르는 것 등이다.
c. 옛날 호칭을 사용 금지: 예를 들면, '老爷', '大人' 등이다.
d. 명칭에 있어서의 지역적인 특성에 주의함: 일부 호칭은 지역적 특성을 갖는다. 예를 들면, (중국) 북방인은 '师傅(선생님: 존경의 의미)', '伙计(젊은이)'를 흔히 쓰는 데, 남방인에게 '师傅'는 '숙련공', '伙计'는 '일꾼'을 가리킨다. 중국인은 반려자를 '爱人'으로, 아이를 '小鬼'라 부르지만, 외국에서 '爱人'은 '연인, 애인'으로, '小鬼'는 '유령, 도깨비' 등으로 여겨진다.
e. 공식 장소에서는 '兄弟, 铁哥们儿, 姐们儿, 瓷器, 死党' 등의 속된 호칭도 피해야 한다. 그 외에, '拐子(절름발이)', '傻大个(꺽다리)', '罗锅(곱사등이)', '四眼(안경잡이)', '麻杆儿(말라깽이)' 등의 별명으로 다른 사람을 부르지 않는다.

결론적으로 정확하고 정중한 호칭을 사용하여 다른 사람에 대한 존경을 나타내고, 불필요한 오해를 피하여 서로의 관계를 순조롭게 발전시킨다.

연습문제 해답

♣ 听课文后回答问题

1) 对　2) 错　3) 错　4) 错　5) 对　6) 错

♣ 选词填空

1) d　2) c　3) a　4) e　5) f　6) b

제6과 본문 해석 및 정답

본문해석

비즈니스 미팅(3) - 명함, 대화

[명함]

명함은 사교 활동 속에서 가장 넓게 활용되는 개인 필수품이다. 명함은 매우 광범위하게 사용되는데, 자기 소개를 할 때, 꽃이나 선물을 보내거나 추천서, 감사편지, 초청장, 위문편지 등을 보낼 때 사용하기도 하고, 비공식적인 편지, 예단, 통보서와 메모 등을 대신할 수도 있다.

명함 교환 매너:

A: 통상적으로 중국인이 명함을 다른 사람에게 건넬 때는 일어나서 바르게 선 다음 두 손이나 오른손으로 명함의 앞면을 상대방에게 향하게 하여 건네 준다. 이 때, '많은 가르침 바랍니다', '잘 부탁드립니다', '자주 연락 주십시오' 혹은 먼저 자기소개를 한다.

명함을 건네는 차례: 하급자나 방문자, 소개 받은 자와 아랫사람이 먼저 명함을 윗사람에게 건네 준다.

B: 명함 받기: 일어나서 두 손으로 건네 받으며, 얼굴에는 미소를 띠고 상대방을 바라보며, '고맙습니다', '잘 부탁드립니다', '많은 가르침 바랍니다' 등 겸손하게 인사말을 한다.

C: 명함 보관: 사교 모임에 참가할 때는 사전에 명함을 준비해 둔다. 명함은 명함 전용 지갑, 명함 꽂이나 상의 주머니에 넣어 두는 편이 좋다(그러나 바지 주머니 속에 넣어서는 안 된다). 다른 사람의 명함을 건네 받은 후에는 이를 세심하게 자신의 명함지갑, 명함꽂이 혹은 상의 주머니 속에 넣는다. 절대 대수롭지 않은 듯 한 켠에 놓아두거나 가져가기를 잊거나 아무렇게나 가방 속에 던져 넣으면 안 된다. 명함을 받은 사람은 행동과 표정으로 상대방의 인격에 대한 존경심을 나타내야 한다.

E: 명함의 제작 규범: 명함은 사람에게 있어 제2의 얼굴이므로 중국인은 명함의 스타일, 제작 및 인쇄

에 몹시 신경을 쓴다.

a: 중국에서 현재 유행하는 명함 규격은 9cm×5.5cm(국제적으로 비교적 유행하는 명함 규격은 10cm×6cm 임)으로, 통상적으로 명함은 잘 접히지 않고 마모에 강하며, 아름답고 점잖아 보이는 종이가 선호되는 재질이며, 색상은 단아해야 한다. 글씨체는 보통 표준 인쇄체와 해서체를 흔히 쓰고 중국어와 외국어로 양면 인쇄를 한다.

b. 명함 내용: 본인의 소속, 기업 심볼, 소속단위의 정식명칭, 본인 호칭(이름, 행정적인 직무, 학술적 직함), 연락 방법(주소, 우편번호, 전화번호)

결론적으로, 중국인과의 교류 속에서 명함이 효과를 잘 발휘하려면 위에 열거한 공공 혹은 비즈니스 장소에서 명함을 교환할 때의 매너를 이해하고 익혀야 한다.

[대화]

대화는 일상 생활과 일에서 광범위하게 운용되는, 인간 관계에서 감정 교류, 이해 증진, 효과적 정보 획득의 주요 수단이다.

A: 대화의 언어 규범: 대화는 한 사람의 교양을 가장 잘 드러내곤 한다. 따라서 대화 속에서 이치에 맞는 말, 고상한 말씨, 예의 있는 말을 사용하는 데 주의를 기울이고, 상대방을 존중하며 스스로 겸손해야 한다. 저속한 말, 은어는 쓰지 않는다. 사투리는 적게 쓰고 외국어는 삼가 한다. 발음은 정확하고 분명해야 하며, 적절한 속도의 말로 온화한 말투로 간명하게 내용을 말한다.

B: 중국인과 대화 할 때 적절한 주제: 이미 정해진 주제나 내용에 교양, 우아, 격조 높고 속되지 않은 화제와 가벼운 주제, 시대적 주제 등.

C: 대화에서의 금기: 사생활, 상대방을 조롱하는 화제, 옆 사람을 비방하는 화제, 잘못된 경향의 화제, 반감을 일으키는 화제, 자신만을 중심으로 하는 화제 등.

D: 대화 방식: 대화를 나눌 때, 양측 모두 마음을 집중하고 진지한 표정, 완곡하고 감정이 절제된 어조로 상대방에게 양보해야 하며, 혼잣말, 어색한 침묵, 말참견, 언쟁, 부정 등은 삼가 한다.

F: 중국인과 사귈 때 자주 쓰는 인사말:

처음 만났을 때: '말씀 많이 들었습니다'

오랫동안 연락이 없었을 때: '오랜만입니다'

손님을 기다릴 때: '삼가 기다리겠습니다'

손님이 도착했을 때: '어서 오십시오'

다른 사람을 방문했을 때: '인사차 찾아 뵈었습니다'

친구를 수행할 때: '모시겠습니다'
자리에서 일어나 떠날 때: '가보겠습니다'
중간에 먼저 갈 때: '먼저 실례하겠습니다'
비평을 부탁할 때: '지도해 주십시오'
가르침을 구할 때: '가르쳐 주십시오'
시정을 위해 지적을 바랄 때: '질정(叱正) 바랍니다'
작품을 증정할 때: '많이 지적해주세요'
좋은 견해에 대해: '고견입니다'
나이를 물을 때: '춘추가 어떻게 되십니까'
물건을 주인에게 돌려 줄 때: '돌려드립니다'
양해를 구할 때: '양해해 주십시오'
자신의 무례를 자책할 때: '실례했습니다'
직접 손님을 마중하지 못했을 때: '영접하지 못해 죄송합니다'

연습문제 해답

♣ 听课文后回答问题

1) 对　2) 错　3) 错　4) 错　5) 对　6) 错

♣ 选词填空

1) f　2) c　3) a　4) e　5) d　6) b

제7과 본문 해석 및 정답

본문해석

비즈니스 미팅(4) - 몸가짐

거동은 사람들이 외관상 알아차릴 수 있는 활동, 동작 및 활동과 동작 과정의 각 부분에서 보여지는 모습이다. 사람들이 교류하는 가운데, 행동거지는 의사소통에 매우 큰 영향을 발휘한다. 따라서 공무나 업무를 위한 장소에서 중국인들은 개개인의 거동이 자연스러움, 편안함, 우아, 존중의 행동규범에 부합하는 지를 특히 따진다. 구체적으로 말하면 다음과 같다.

A: (서있는 자세) 중국인의 서있는 자세에 대한 기본적인 요구는 '소나무와 같아야 한다'이다. 이는 소나무처럼 곧게 서야 한다는 뜻이다.

비즈니스 활동 속에서, 남성의 서있는 자세는 안정되고 묵직해야 하며, 여성은 우아해야 한다. 서있을 때는 어색해 보이거나 자신감 및 경험, 정중함이 부족해 보이지 않도록 고개를 기우뚱하거나 다리를 구부리는 등 무의식적인 작은 동작들을 취하지 않는다. 서서 다른 사람과 이야기를 할 때는 얼굴을 상대방에게 향하게 하고 어느 정도 거리(대화를 나눌 때는 60센티미터 정도의 거리를 유지해야 함)를 유지하며, 너무 멀거나 너무 가까운 것은 모두 예의에 어긋난다.

B: (앉은 자세) 중국인의 앉은 자세에 대한 요구는 '종처럼 앉는다'이다. 즉 앉은 모습이 종처럼 단정해야 한다. 공식적인 장소에서는 자리에 앉는 과정에서의 기본 매너에 주의해야 한다.

예를 들면,

a: 윗사람이 먼저라는 순서에 주의해야 한다. 동년배, 친구, 동료 관계라면 동시에 앉되 서로 예의상 양보를 해야 하며 먼저 앉으려고 해서는 안 된다. 이는 큰 실례가 되기 때문이다.

b: 방향에 주의: 왼쪽으로부터 자리에 앉아야 한다. 즉, '왼쪽으로 들어가고 왼쪽으로 나온다.'

c: 조용히 앉는다: 즉 일어나고 앉을 때 단정하고 점잖아야 하며 소리를 내지 않는다.

d: 비즈니스 회의 등과 같은 공식 장소에서는 '옷깃을 바로 하고 단정히 앉아야' 하며, 머리를 흔드는 것, 몸을 앞뒤로 흔드는 것, 두 손을 아무렇게나 놓는 것, 다리 자세가 예의에 어긋난 것(다리를 떨거나, 꼬고 앉은 자세) 등은 절대 안 된다.

C: (걷는 자세) 중국인의 걷는 자세에 대한 요구는 '행동은 바람처럼'이다. 즉 길을 걸을 때는 바람처럼 경쾌하고 힘있어야 한다. 발걸음은 가볍고 침착하고 점잖고 우아해야 한다.

a: 비즈니스나 공무 활동 속에서 걷는 자세는 온몸에 균형이 잡힌 상태에서 일정한 속도로 나가야 한다. 남성은 꼿꼿하고 노련해야 하며 (남성적인) 강건미(强健美)를 보이고, 보폭은 큰 편이며 속도는 분당 약 100~110보 정도이다. 여성은 우아해야 하며 부드러운 아름다움을 보인다. 보통 보폭이 작은 편이며 속도는 분당 약 90~100보 정도이다.

b: 윗사람, 귀빈이나 상사와 동행할 때, 원칙상 상사의 왼쪽이나 뒤쪽에서 걷는다.

c: 좁은 통로에서 윗사람이나 귀빈과 마주칠 경우에는 먼저 한 쪽으로 비켜서서 길을 양보한다. 공식적인 장소에서 걸을 때는 방향이 일정치 않거나 머뭇거리는 것, 걸음소리가 지나치게 큰 것 등은 모두 실례되는 행동이다.

이 외에, 중국인은 다른 사람과 대화를 나눌 때 자주 상대방과 시선을 마주친다. 장시간 상대방의 시선을 피하는 것은 상대방에게 흥미가 없다는 뜻이다. 한편 장시간 상대방을 응시하는 것도 실례이다.

말하는 사람이 시선을 내려뜨리는 것은 '애정 어린 보호, 관용'의 의미를 내포한다. 똑바로 주시할 경우 '이성, 평등'을, 위를 향할 경우 '존경, 기대'를, '사선'으로 향할 경우 '의심, 의문' 등을 나타낸다.

중국인은 여러 가지 손짓으로 대화를 한다. 예를 들어 '주먹을 문지르고 손을 비비는 것'은 조급한 마음을 나타낸다. 손을 가슴에 대는 것은 하늘에 맹세한다는 것이며, 손바닥을 위로하여 높이 쳐드는 것은 이어서 하는 말들이 모두 거짓 없는 사실이라는 의미이다. 또한 오른손을 내밀고 엄지를 위로 치켜드는 것은 다른 사람을 칭찬하는 것이고 엄지를 세워서 다른 사람을 가리키는 것은 멸시의 의미이다. 엄지로 자신의 코를 가리키면 자부하거나 스스로를 뽐내는 것이다.

결론적으로 비즈니스 활동에서 중국 문화의 행동언어 속에 내포된 의미를 더 많이 이해하면 터부를 깨지도 않고 교류도 촉진시킬 수 있다.

연습문제 해답

♣ 听课文后回答问题

1) 错　2) 对　3) 对　4) 对　5) 对　6) 错

♣ 选词填空

1) a　2) f　3) b　4) e　5) d　6) c

제8과 본문 해석 및 정답

본문해석

중국은 예로부터 '예의의 나라'라고 불리어 왔다. 따라서 중국인은 '손님을 대하는 방법'의 핵심은 주인은 손님의 뜻에 따르는 것과 손님을 예로써 대하는 것이다. 구체적으로 살펴보면,

A. 접대 매너

비즈니스 활동 속에서 중국인은 보통 일찌감치 손님 맞는 데 필요한 채비(손님이 머무를 손님방 및 식사를 예약하고 차량을 준비하는 등등)를 한다. 중요한 손님과 처음 찾아오는 손님의 경우, 공항, 항구, 정류장 등 손님이 도착할 장소나 손님이 투숙할 호텔에 일찍 가서 기다리고 사전에 상대방에게 이를 알린다.

손님이 비행기(차량, 배)에서 내린 후, 주인은 즉시 다가가서 맞이하고 접대하는 측의 통역사가 마중 나온 사람들을 지위가 높은 순으로 한 명씩 손님에게 소개하면, 양측은 악수를 함과 동시에 '어서 오십시오', '오시느라 고생하셨습니다', '뵙게 되어 정말 기쁩니다' 등의 환영사와 인사말을 한다. 만약 양측이 처음 만난다면 푯말과 환영용 꽃다발(진달래, 국화,(黃花 또는 노란색 꽃)은 오해나 웃음거리가 될 수 있으므로 피한다)을 준비한다. 공항에서 숙박지까지 보통 마중 나온 사람이 차량을 준비하여 수행한다.

B. 좌석 매너

승용차 자리에 앉는 순서는 통상적으로 다음과 같다.

1) 좌석이 두 줄이거나 세 줄인 소형차량의 경우, 주인이 직접 운전을 하면 일반적으로 앞좌석이 상석이고 뒷좌석이 하석이다. 즉, 다음 그림과 같다.

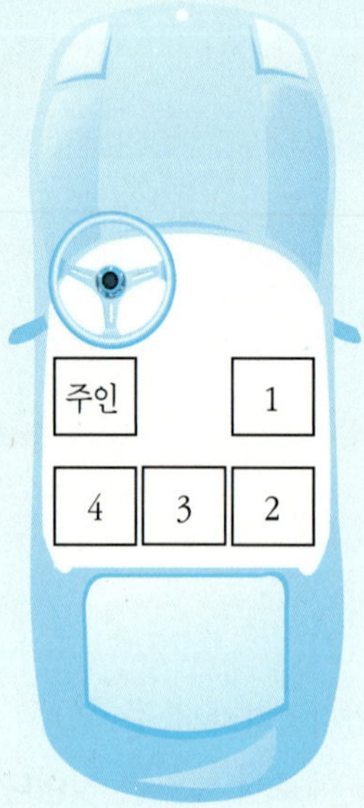

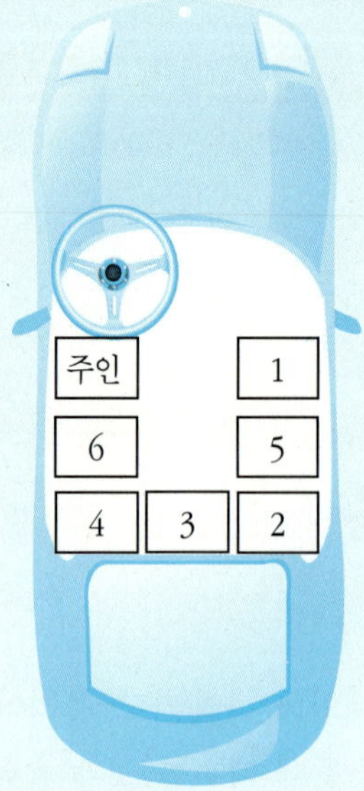

전담 기사가 운전 할 경우, 뒷좌석이 상석이고 앞좌석이 하석이며, 오른쪽이 '상석'이고 왼쪽이 '하석'이다. 즉, 다음 그림과 같다.

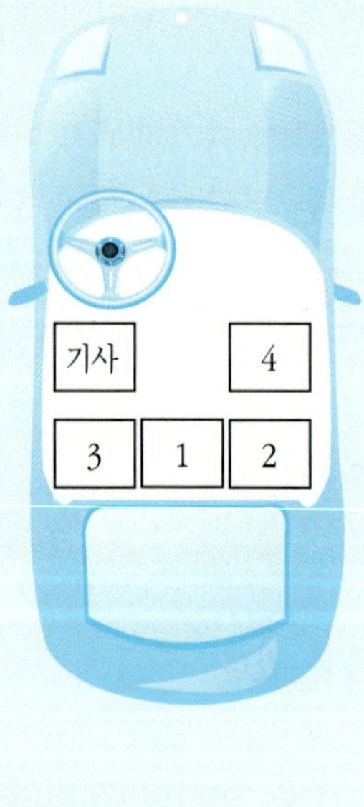

2) 좌석이 여러 줄인 중형차량의 경우, 누가 운전을 하든 앞좌석이 상석이고 뒷좌석이 하석이며 오른쪽이 상석, 왼쪽이 하석이다. 즉, 다음 그림과 같다.

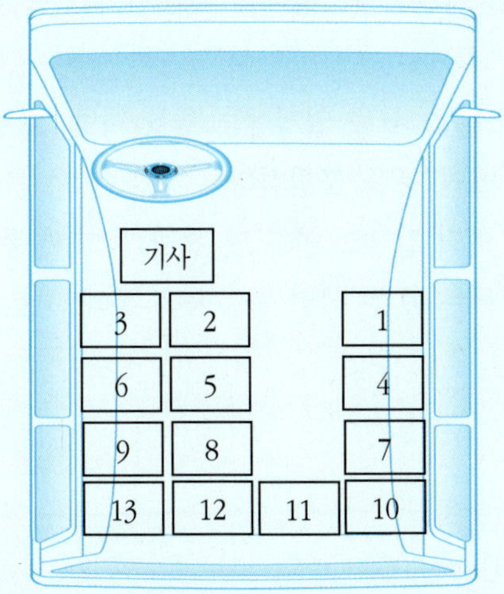

3) 지프의 경우, 누가 운전을 하는지에 관계 없이 상석의 순서는 조수석, 뒷줄의 오른쪽 좌석, 뒷줄의 왼쪽 좌석 이다. 즉, 다음 그림과 같다.

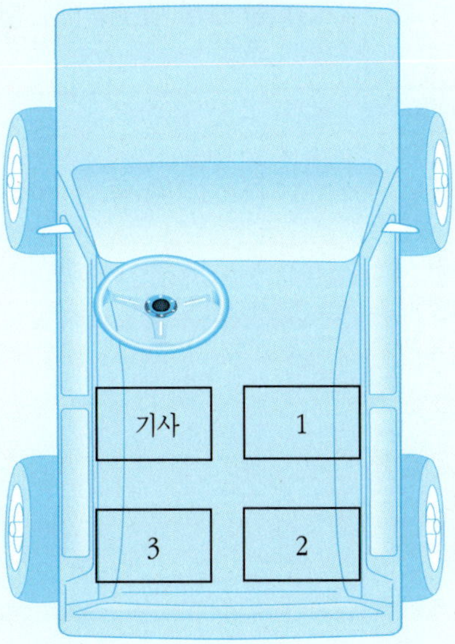

C. 일정 배정

중국에 출장 갈 계획이 있다면 사전에 준비를 잘 해야만 한다. 먼저 목적지의 비즈니스

파트너와 연락을 취하고, 일정표를 상대방에게 보내서 의견을 구한 다음 다시 구체적인 일정을 잡는다.

통상적으로 중국인의 비즈니스 활동 일정에는 공항 마중, 호텔 투숙, 비즈니스 연회, 회견 및 협의, 관광 및 참관, 송별연 등을 포함한다.

중국에 비즈니스 협상을 하러 갈 때, 연회 및 관광 등의 활동은 일정 가운데 가장 중요한 내용이다. 비즈니스 업계에서는 보통 이런 활동들을 통해 서로 간의 우호를 다짐으로써 비즈니스 협력을 발전시킨다.

연습문제 해답

♣ 听课文后回答问题

1) 对　2) 错　3) 错　4) 对　5) 错　6) 对

♣ 选词填空

1) e　2) a　3) d　4) f　5) b　6) c

제9과 본문 해석 및 정답

본문해석

회의 접대

회의는 비즈니스 협의, 실무 배정, 의사 소통의 중요한 방식이자, 현대 경제 사회에서의 중요한 비즈니스 활동이다.

중국인이 주최하는 비즈니스 회의에 참석할 때는 보통 다음의 몇 가지에 주의해야 한다.

A. 제 시간에 도착: 보통 15분 전 정도에 회의장에 도착해야 하며 절대 늦어서는 안 된다.

B. 정해진 복장: 남성은 정장에 넥타이를 매고, 여성은 스커트 정장이나 정장을 입어야 한다.

C. 격에 맞는 언행: 자신의 신분, 지위에 맞게, 말 한 마디 행동 하나하나가 자연스럽고 대범하도록 노력하며, 사람들의 환심을 사거나 주객이 전도된 듯 한 행동을 삼가 한다.

D. 규칙을 엄수: 회의 진행 중에는 진지하게 경청하고 호출기나 핸드폰을 켜지 않도록 한다. 멋대로 움직이거나 말없이 자리를 떠나는 등의 실례되는 행동을 삼가한다.

E. 사전에 회의 자료를 잘 준비해 두고, 일찍 회의장에 도착하여 도착을 알린다.

F. 회의 안내요원의 인도로 회의장에 들어가 자리에 앉는다(혹은 먼저 휴게실로 갔다가 회의 시작 몇 분전에 들어가 자리에 앉는다). 휴게실에 앉을 때는 좌석 순서 배정에 주의해야 한다. 통상적으로 소파는 긴 쪽이 상석이고 소파가 일반 의자보다 상석이며, 의자 높이는 높은 쪽이 상석이고 문에서 먼 쪽일수록 상석이다. 즉, 다음과 같다.

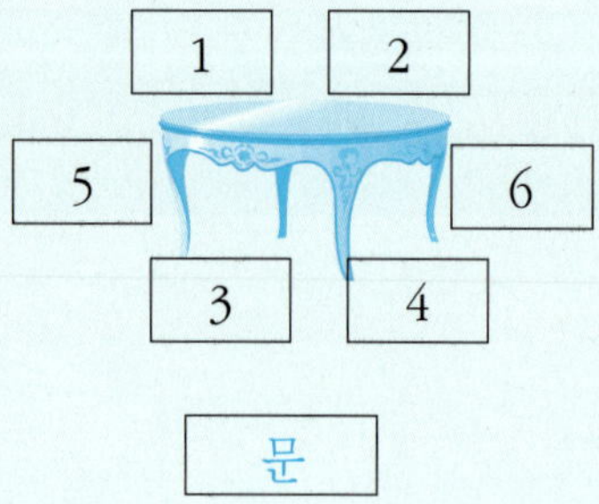

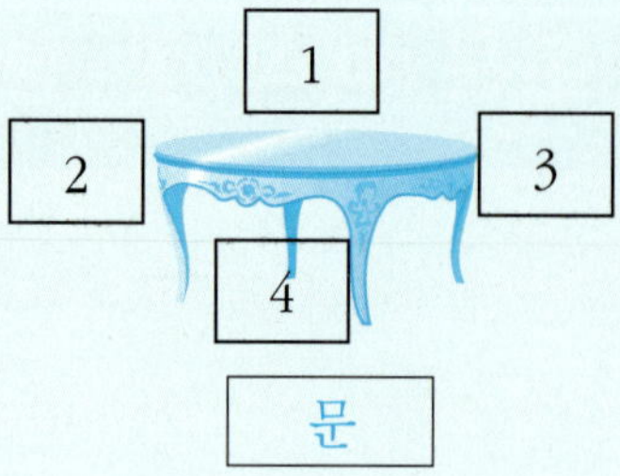

G. 회의 참석자가 자리에 앉은 후, 접대요원은 즉시 차, 커피 혹은 음료수 등을 가져온다.

중국인은 차를 올리거나 건네 받는 순서를 중요시 한다. 일반적으로 손님이 주인보다 먼저이고, 여성이 남성보다, 연장자가 연소자보다 먼저이다. 차를 건네 줄 때는 양 손을 사용하고 찻잔 손잡이가 손님의 오른손 쪽으로 가게 한다. (한 손, 특히 왼손으로 차를 올리거나 손가락이 찻잔 입구에 닿지 않도록 주의하고, 찻물이 바닥을 보이기 전에 제때 계속 물을 따라주어야 한다.)

H. 회의 참석 손님에 따라 좌석 배치에 주의한다. 원탁이나 타원형 탁자를 회의용 탁자로 쓸 경우, 좌석 배치는 주인과 내빈이 마주 보고 앉도록 하며, 내빈석은 남쪽이나 문쪽을 바라보게 한다. 즉, 다음 그림과 같다.

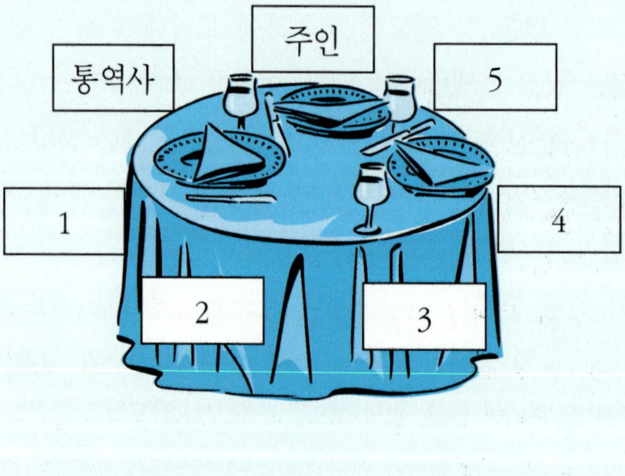

장방형 회의 탁자의 좌석 배치:

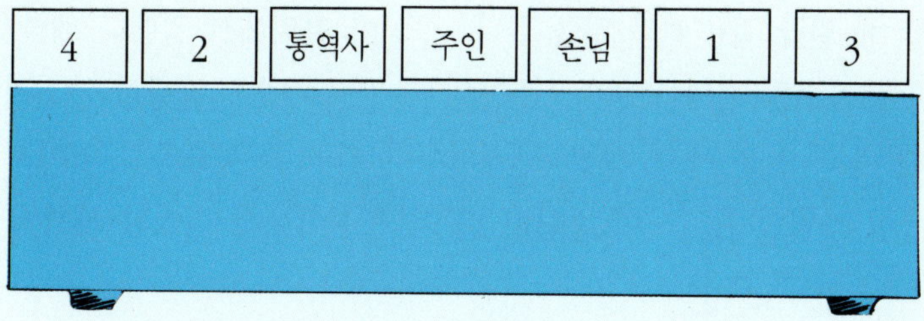

의장대 좌석 배치: 중국의 전통적인 '왼쪽을 상석으로'하는 예의는 의장대 좌석 배치에서 가장 두드러지게 남아있는데, 의장석을 중간에 배치하고 왼쪽에 두 번째 상석을, 오른쪽에 세 번째 상석을 배치하는 식이다. 즉, 다음과 같다.

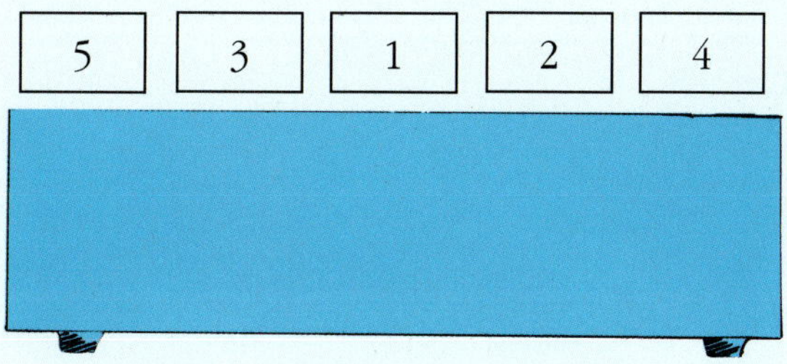

I. 합동 기념 촬영을 할 때도 자리 배치에 주의해야 한다. 통상적으로 주인이 가운데에, 주인의 우측에 첫 번째 주빈이, 좌측에 두 번째 주빈이 위치하고 양측에 다른 사람들이 번갈아 위치하며, 양 끝에는 손님이 있어서는 안 된다. 즉, 다음과 같다.

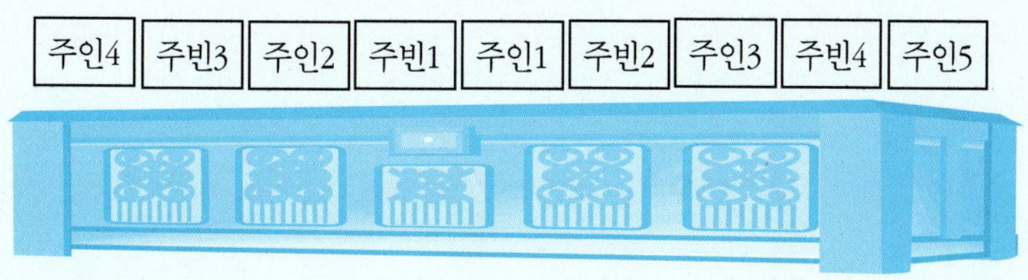

J. 송별식: 비즈니스 상담이 마무리되거나 회의가 끝났을 때, 양측은 동시에 자리에서 일어나 악수와 함께 작별 인사를 한 뒤 떠난다. 주인은 보통 '와주셔서 감사합니다. 저희측에서 조속히 연락을 드릴 겁니다' 등등의 말을 한다.

동시에, 중국인은 손님을 배웅할 때도 매우 주의를 기울이는데, 예를 들어 흔히 '마중할 때 세 걸음, 배웅할 때 일곱 걸음'이라 말을 한다. 주인이 자리에서 일어나 배웅을 하되, 손님이 먼저 손을 내밀어 악수를 청해야 한다. 주인은 '잘 가십시오', '안녕히 가십시오', '다음에 또 오시길 바랍니다' 등의 말을 하고, 문밖, 엘리베이터 입구 혹은 승용차 옆까지 손님을 배웅한 다음, 손을 흔들어 작별인사를 하며 손님이 탄 차가 시야에서 벗어날 때까지 바라보다가 돌아온다.

결론적으로 중국인이 비즈니스 회의를 진행할 때 취하는 예절을 이해하고, 일련의 회의에서 요구하는 바를 지킬 수 있으면 만족스런 회의 결과를 얻을 수 있다.

연습문제 해답

♣ 听课文后回答问题

1) 对 2) 对 3) 错 4) 错 5) 对 6) 错

♣ 选词填空

1) a 2) c 3) f 4) b 5) d 6) e

제10과 본문 해석 및 정답

본문해석

비즈니스 연회

연회초대는 중국인의 비즈니스 활동에서 중요한 구성 부분이다. 연회를 통해서 교감을 나누고 관계를 좋게 하며 우의를 돈독히 하여 더 나은 협력을 해나갈 수 있다. 그렇기 때문에 중국 비즈니스 업계 인사들은 연회를 매우 중요시 한다. 그들에게 당신과 협력하고자 하는 성의가 있고 중요한 비즈니스 결정을 내릴 때면, 비즈니스 연회라는 방식을 통해서 당신과 충분한 의사소통을 함으로써 협력이 성공할 수 있는 기회를 키운다.

A. 중국 연회의 종류와 형식

연회 초대에는 매우 많은 종류가 있는데, 그 목적에 따라 환영연회, 답례연회, 장수를 축원하는 연회 및 비즈니스 연회 등이 있다.

비즈니스 연회의 형식

연회 — 격식 있고 장중한 연회. 국가연회, 공식연회와 간단한 연회로 구분된다. 시간에 따라 조찬연회, 오찬연회, 만찬연회로 나뉜다. 만찬연회의 경우 더욱 성대하고 격식을 갖춘다.

리셉션 — 정찬이 준비되지 않은 각종 연회 형식. 뷔페(buffet), 칵테일파티(Cocktail Party) 등을 포함한 리셉션의 형식을 빌리는 경우가 비교적 많으며 광범위한 교류에 적당하다.

다과회 — 손님을 청하여 차나 커피를 음미하면서 담소를 나누는 것은 간편한 초대 방식의 하나이다. 일반적인 경우 오전 10시나 오후 4시에 연다. 중국 차문화의 특성을 살리기 위해 다과회에서는 찻잎 및 다구(茶具) 선택에 신경을 쓴다(다구는 도자기를 사용하되 깨진 유리잔을 쓰지 않고, 보온병이 아닌 찻주전자를 사용하고 간식거리나 지방 특색을 지닌 간단한 먹거리 등을 약간 준비한다).

실무를 위한 정찬 — 현대 사교 활동 속에서 흔히 취하는 비공식적인 연회 형식의 하나이다. 이런 연회는 관련 실무인사들만을 초청한다. 실무를 위한 정찬은 시간에 따라 실무조찬, 실무오찬 및 실무만찬으로 나뉜다. 식사를 하면서 대화를 나누기 때문에 시간을 절약함과 동시에 접대 및 교류라는 목적도 이룰 수 있다.

B. 중국 비즈니스 연회의 기본 매너: 통상적으로 연회주최측은 초청 대상을 분명히 함으로써 연회의 격식을 정한다. 동시에 연회 목적(예를 들어 환영, 환송, 답례, 경축, 기념 등)에 따라 연회의 형식을 정한다.

연회주최측은 주객 모두에게 적당한 시간(일반적으로 중요한 명절 혹은 국경일, 휴일은 택하지 않고 양측에서 꺼리는 날도 피함)을 선택하여 2~7일 전에 초청장을 발송하여 정식으로 초청한다.

연회주최측은 연회의 목적, 형식, 격식, 시간, 계절, 주객의 애호 등을 감안하여 메뉴를 정한다. 메뉴를 고를 때는 지나치게 사치스럽거나 간소하지 않고 적당한지, 육류와 야채가 적절히 배합되었는지, 색조가 잘 어우러졌는지, 영양을 고루 갖추었는지 등에 주의한다.

그 외에, 중국식 연회에서는 테이블 및 좌석 배열 순서가 가장 까다롭다. 중국식 연회에서는 대개 원탁을 사용한다. 메인테이블을 배치한 후에 나머지 테이블의 서열은 메인테이블에 가까울수록 높다. '문을 마주한 경우, 가운데 위치한 경우, 오른쪽에 놓인 경우가 상석'이 원칙이다. 문을 정면으로 바라보는 곳에 식사비용을 부담하는 사람이 앉는 위치이며, 그 오른쪽에 귀빈이 앉는다. 메인테이블에서 가까울수록 서열이 높다. 같은 줄의 테이블 중에서는 오른쪽이 높고 왼쪽이 낮다(테이블 및 좌석 배치는 부록의 그림을 참조하기 바람).

연회주최측은 연회가 시작하기 30분 전부터 연회장 문에서 손님을 맞는다. 연회가 시작되면 주최자는 축배 제의를 하고 손님에게 술을 권한다. 연회가 끝나면, 주최자는 손님에게 연회 참석에 대해 감사를 표한다. 또한 처음에 손님을 맞았던 사람들과 함께 입구까지 손님을 마중한 후 작별 인사를 한다.

C. 비즈니스 연회에 참석하는 사람의 매너

먼저 연회에 초청받은 측은 제때 연회장에 도착해야 한다. 보통 15분 전 정도에 도착해야 하며 절대 늦어서는 안 된다. 다음으로 초청받은 측은 옷차림이 정갈해야 한다. 마지막으로 서열에 따라 자리에 앉는다. 자리에 앉을 때는 연장자, 지위가 높은 사람 및 여성이 먼저 앉기를 기다렸다가 오른손으로 의자를 잡아당긴 다음 왼쪽에서 들어가 앉는다. 그 외에, 참석하지 못할 경우 즉시 사과의 뜻을 전한다.

착석한 후의 매너: 예의 바르게 착석한 후에는 점잖게 행동하고 적당한 대화를 나누며, 식사 도구를 정확히 사용하고 가능한 도중에 자리를 떠나지 않도록 한다. 술을 마실 때, 주최자의 의도를 잘 살피고 주객이 전도되지 않도록 한다. 잔을 받았을 때는 상대에게도 한 잔 권해야 한다. 건배할 때 잔을 부딪히는 순서는 주최자와 주빈이 먼저 잔을 부딪힌 후에 주최자가 다른 내빈과 한 명씩 잔을 부딪힌다. 주량은 적당해야 하고 술을 마시는 속도나 술을 권하는 것 모두 잘 조절해야 한다.

연회가 끝나면 주최자와 주빈이 자리를 뜨기를 기다렸다가 다른 손님들과 함께 나오며, 주최자에게 성의 어린 대접에 감사를 표해야 한다.

그 외에 예의상 답례를 하는 것도 필요하다. 여러 차례 중국인의 연회에 초대를 받았다면 조용하고 우아한 분위기의 고급 바에 초대하는 등으로 답례해야 한다.

결론적으로 중국인과 비즈니스를 하고 싶다면 중국인과 함께 식사할 기회를 마련해야만 한다. 또한 중국인의 연회에서 지켜야 할 매너와 몸가짐을 배움으로써 사교 범위를 넓힐 수 있다.

연습문제 해답

♣ 听课文后回答问题

1) 对　2) 对　3) 对　4) 错　5) 对　6) 错

♣ 选词填空

1) a　2) f　3) b　4) e　5) c　6) d

제11과 본문 해석 및 정답

본문해석

인간관계(1)
정부와의 관계, 고객 관계, 인정과 체면

중국인은 관계를 매우 중요시한다. 이 관계란 사람과 사람이 서로 영향을 주고 받는 상태를 가리키며, 역할·지위 관계와 친분 관계를 포함한다.

중국인들은 흔히 '관계를 잘 맺어두면 일하기 편하다'라는 말을 한다. 따라서 중국인과 사귀고 비즈니스를 진행하려 한다면 먼저 중국인과 관계 맺는 법을 배워야만 한다.

A. 정부와의 관계

중국은 다년간 계획 경제를 실시해왔으며, 계획경제 속에서 정부는 직접적으로 경제관련 업무를 처리하는 권력을 지니고 경제 생활 속에서 중요한 역할을 하고 있다.

정치적 환경은 투자를 할 때 가장 먼저 고려해야 할 문제이고, 정부는 바로 그 정책을 정하는 자로서 어느 정도의 권력을 가지고 있다. 따라서 중국에서 비즈니스를 하려 한다면 정부와 좋은 관계를 만들어야만 하며, 이는 경제 정책의 최신 동향을 이해할 수 있을 뿐만 아니라 시장 마케팅을 수립하는 데도 도움이 된다.

B. 고객과의 관계

중국인들은 '고객은 하늘'이란 말을 자주 한다. 즉, 중국에서 비즈니스를 하려면 장기적으로 안정된 비즈니스 거래를 위해서 고객과 장기적인 우호 관계를 맺어야 한다.

그렇다면, 중국 고객과 어떻게 장기적으로 안정된 좋은 관계를 맺을 수 있을까? 첫째, 비즈니스 활동 속에서 고객에게 식사를 대접하고 선물을 보내야 한다. 특히 연말이라면 더더구나 고객을 초대하고 귀한 선물을 주어야 한다. 둘째, 고객과 지속적으로 연락을 주고받는다. 평일, 명절·휴일이나 시간이 있을 때, 자주 고객에게 안부를 묻거나 방문한다. 셋째, 중국인은 친분관계를 매우 중요시 한다. 따라서 '성의와 신뢰'를 밑천으로 중국인과 사귀어야만 중국인과의 협력이 잘 이루어지고 중국의 광활한 시장에 들어갈 수 있다.

C. 인정, 체면

인정: 중국인들은 인정을 매우 중요시 한다. 여기서 '인정'이란 바로 사람과 사람이 서로 어울리는 법을 가리킨다.

중국인의 전통 관념은 사람과 사람이 서로 어울리려면 '예(禮)'를 갖춰야 한다고 보는데, 여기서 '예'란 사회적 습관, 풍습, 공인된 행동양식 등을 가리킨다. 중국인들은 이런 '예'를 지키는 가운데 일종의 '做人情(인정을 베풀다)' 이란 습관이 생겨났다. (만약 당신이 여러 번 초대를 받았다면 기회를 봐서 답례를 해야만 하며 그렇지 않을 경우 인정이 없다고 보여질 수 있다.) 일을 진행하기에 앞서 인간관계망을 잘 만들어 놓아야 일을 하기도 수월하고 일을 잘 해낼 수도 있다.

이렇기 때문에 중국에서는 인간관계망을 어디서든 중요시 한다. 혼례•장례에서 개업, 입학 등에 이르기까지 모두 '做人情'을 해야 한다. 따라서 중국인과 사귀거나 비즈니스를 하려면 반드시 '做人情'하는 법을 배워야 하며, 그래야 여러 가지 관계를 바로잡거나 비즈니스에 성공하는 데 도움이 된다.

체면: 중국인들은 체면을 매우 중요시 한다. 체면이란 바로 사적인 관계에서의 친분을 말한다. 중국인과 일을 하거나 왕래할 때, 여러 가지 '체면에 관련된 규칙'을 지켜야 하며, 그렇지 않을 경우 난관에 봉착할 수도 있다.

중국인은 자신의 체면에 신경을 써서 결코 '체면 잃는' 일을 하지 않을 뿐만 아니라, 다른 사람의 체면도 생각해준다. 중국인은 일반적으로 말을 매우 완곡하게 하며 절대 직접적으로 'no'라고 하지 않는데, 이렇게 말하는 이유는 다른 사람의 체면을 생각하지 않는 것은 예의에 벗어난다고 여기기 때문이다. 중국인들은 거절을 하거나 말을 할 때 완곡한 표현을 씀으로써 일을 하는데 여지를 남긴다. 예를 들어, '잘 생각해 볼 수 밖에 없네요', '꼭 최선을 다하겠습니다만 확신할 수는 없습니다' 등이 있다.

따라서 중국인과 사귈 때는, 특히 상대방이 의견을 구할 때는 직접적으로 부정적인 의견을 내놓거나 단도직입적으로 거절해서는 안 된다. 만약 그들의 체면을 고려치 않는다면 자존심에 크게 상처를 주게 되어 나중에 관계가 껄끄러워질 수도 있다. 따라서 중국인과 사귈 때는 남의 체면을 지켜주는 법을 이해하고 배우며, 상대를 존중하고 여러 모로 체면을 세워주면 도움을 받을 수 있고 하는 일마다 순조롭게 될 것이다.

결론적으로 중국인과 사귈 때 여러 종류의 관계를 이해하고, 지키고, 조절해야만 비즈니스에서 성공할 수 있다.

연습문제 해답

♣ 听课文后回答问题

1) 错　2) 对　3) 对　4) 对　5) 错　6) 对

♣ 选词填空

1) b　2) d　3) e　4) f　5) c　6) a

제12과 본문 해석 및 정답

본문해석

인간관계(2)
상하 관계, 동료와의 관계, 사무실 내에서의 일상 매너

중국인들은 각종 인간관계를 매우 중요시 한다. 중국인과 사귀거나 비즈니스를 하고 싶다면 여러 가지 관계를 잘 조절해야 하며, 이 역시 당신이 중국에서 성공을 거둘 수 있는 중요한 조건이다.

A.상하 관계

중국인은 각 개개인의 지위의 높고 낮음을 매우 중요시 한다. 지위가 높은 사람은 절대적인 권력을 갖고, 의례 사람들로부터 존중을 받는다. 모든 정책은 위에서 아래로 관철 · 집행된다. 그러나 상급기관에서도 휘하 소속기관으로부터 피드백을 받을 경우도 종종 있다. 따라서 중국인과 비즈니스를 할 때는 협력측의 상하급 모두와 좋은 관계를 유지하는 것이 일을 성공으로 이끄는 중요한 조건이 된다.

중국에서 협력측의 상급기관의 리더와 함께 할 때는 마음으로부터 존경심을 갖고 함께 말하거나 일할 때도 분별심을 가져야 한다. 또한 어디에서든 리더와 함께 할 때는 필요한 예의를 갖춰야 한다. 예를 들어 일이 생기면 먼저 리더의 지시를 구한 후에야 말하거나 일을 한다. 이렇게 해야만 리더의 도움을 받을 수 있고 그도 당신이 순조롭게 일할 수 있도록 '청신호'를 켜줄 것이다.

B. 동료와의 관계

중국인은 조화를 좋아한다. 동료와 함께 할 때는 누구나 이런 원칙을 지키기 때문에, 일을 할 때 서로 돕고 보살핀다. 따라서 동료가 서로 정면 충돌하는 일이 좀처럼 생기지 않는다.

협력측의 중국 동료와 좋은 관계를 만들려면 첫째, '做人情(인정을 살피다)'할 줄 알아야 한다. 둘째, 실제로 일을 할 때는 사람들을 사귀도록 노력해야 하는데, '合群(사람들과 잘 어울림)'은 중국 동료와 조화롭게 지내는 관건이다. 셋째, 중국측 동료와 사귀거나 어울릴 때는 예의를 지키고 서로 존중해야 한다. 예를 들어 만나면 미소를 띠고 가벼운 목례를 하거나 즉시 인사를 건네는 등이다. 이와 함께 동료와 적당한 거리를 유지해야 한다. 이는 주로 타인의 인격, 물건 및 업무를 존중하는 것을 가리킨다. 그 외에도 중국 동료와 어울릴 때, 너그러움과 포용하는 마음을 가져야 한다. 상술한 점들을 실행에 옮길 수 있을 때야 실제로 일을 할 때 중국 동료의 효과적인 협력을 얻을 수 있다.

C. 사무실에서의 일상적인 매너

중국인들은 '예의 있는 사람을 나무라지는 않는다'라는 말을 자주 한다. 예의 있다는 것은 교양이 있다는 의미기 때문이다. 만약 당신이 중국에서 일한다면 일반적으로 다음의 사무실 매너를 잘 지켜야 한다. 다음과 같은 매너를 잘 배워야 당신이 성공하는 데 있어 중국인의 존중과 도움을 받을 수 있다.

1) 사무실에서 일할 때의 교양 있는 말 다섯 가지: a) 인사말: 안녕하세요! b) 도움을 청하는 말: 부탁입니다 c) 감사의 말: 고맙습니다 d) 사과의 말:죄송합니다 e) 헤어질 때 하는 말:또 봐요!

2) 사무실에서 일할 때는 다음 사항을 지켜야 한다. a) 시선 두기: 다른 사람을 무시하지 않고, 대화 상대에게 눈길을 두며, 미소를 띤 눈길로 인사를 나눈다. b) 말하기:사람에 따라 말을 가려 하며 예의상 하는 말도 적절하게 쓴다. c) 마음:진심이 어려야 한다. 표정은 자연스럽고 진실되며, 상호교환적이고 점잖아야 하며, 예의가 진심에서 우러나와야 한다.

3) 사무실 전화 매너:

a) 전화매너: 통화시간은 양측이 사전에 약속한 시간이나 서로에게 편한 시간이 가장 좋다. 그러나 휴식 시간, 오전 7시 이전, 저녁 10시 이후, 점심 후 휴식 시간, 식사시간, 시차가 있는 경우, 명절 및 휴일, 개인적인 시간, 통화량이 많을 때, 업무로 바쁜 시간, 피곤한 시간에 전화해서는 안 된다.

통화시간의 경우, '짧을수록 좋으므로 길게 통화하기 보다는 가능한 짧게'하며 '3분 원칙'을 지킨다. 통화 내용의 경우, 사전에 말할 내용을 준비해서 간략하게 요점만 적당한 길이로 말하고 말투, 태도, 행동 등에 교양과 매너를 갖춘다.

전화를 받을 때의 매너: 제때 전화를 받아야 하며 보통 전화벨이 세 차례 울린 뒤에 받는 것이 가장 좋다. 겸손하고 온화한 태도로 대하며 경중을 분명히 한다. 대신 전화를 받을 때는 예의 바르게 응대하고 프라이버시를 지켜주고 제때 정확하게 내용을 전달해 준다.

b) 이동전화 매너: 사용 시에 공중도덕을 지킨다. 공공장소에서 핸드폰을 쓸 때 다른 사람을 방해하지 않도록 작은 소리로 해야 한다. 개인적인 목적으로 핸드폰을 사용하지 않는다. 회의, 접견, 강의 등 여러 사람이 함께 하는 동안에도 사용하지 않는다.

사용할 때는 안전에 주의: 운전할 때, 병실, 유류창고, 항공기의 비행 시간 동안에는 핸드폰을 사용하지 말고, 사용하기 편하면서도 매너에 맞는 적당한 장소에 놓아 두어야 한다.

연습문제 해답

♣ 听课文后回答问题

1) 错　2) 对　3) 错　4) 错　5) 对　6) 错

♣ 选词填空

1) f　2) e　3) d　4) c　5) b　6) a

제13과 본문 해석 및 정답

본문해석

협상 및 계약체결 (협상, 계약체결, 송별, 출국)

비즈니스 협상, 계약체결은 비즈니스 활동 중에서 가장 중요한 부분이다. 따라서 비즈니스 협상 및 계약체결을 할 때, 중국인들은 화기애애하고 적극적으로 협력하며, 상호 존중, 평등 호혜 등 협상 과정에서의 예의를 매우 중요시 한다.

A.비즈니스 협상 매너:

(1) 비즈니스 협상의 기술측면의 준비

a. 정보 수집 및 자료 제공. 자신 정보—경제력, 기술력, 경쟁력 등. 상대의 정보—상대 회사의 기본적인 상황, 법인 자격, 신용대부 상황, 경영 범위, 주력 제품, 은행의 신용증명, 협상 대표와 관련된 기본 상황 등을 포함한다.

b. 협상 절차에서 탐문, 준비, 협의, 소결론, 재협의, 총결론, 협상 등 7단계를 숙지해야 한다.

c. 평등 · 윈윈의 협상 전략을 숙지하고 원활하게 운용하는 등.

(2) 비즈니스 협상의 매너 측면의 준비:

a. 외관: 협상요원의 복장은 정결, 단정, 고상해야 하며, 예의에 맞는 정식 복장(남성은 정장, 여성은 투피스 정장 차림)을 한다. 그 외에 기운 찬 모습이어야 하며, 흐트러진 머리나 더러운 얼굴은 안 되며, 여성은 단정한 머리에 가벼운 화장을 해야 한다.

b. 장소 확정: 원정 협상(협상 상대방의 소재지에서 진행하는 협상을 가리킴), 홈그라운드 협상(우리측 소재지에서 진행하는 협상을 가리킴), 홈 · 원정 교대 협상(협상 양측의 소재지에서 교대로 진행되는 협상), 제3 장소 협상(협상 양측의 소재지 외에서 진행하는 협상)

c. 좌석 배치: 양자 협상을 할 때, 일반적으로 장방형 테이블이나 타원형 테이블을 사용하며, 주객이 각각 테이블 양쪽에 앉는다. 각 측의 주요 발언자는 자기 측 사람들 중 가운데에 앉으며, 다른 사람들은 오른쪽이 상석, 왼쪽이 하석이라는 원칙에 따라, 직위가 높은 순서대로 주요 발언자의 양측에 앉는다(통역사는 주요 발언자의 오른쪽에 앉음). 각 측의 참석자들은 가능한 동시에 입장하여 자리에 앉는다.

(3) 비즈니스 협상의 매너: 상대를 존중하고 합법적으로 일하며, 평등한 입장에서 협상하고 솔직한 태도로 대하며, 윈윈의 정신으로 점잖은 태도와 정확하고 절도 있는 말로서 예의 바르게 임한다. 또한 협상이 끝나면 자기 측의 수확 정도에 관계없이 예의 바르게 상대방과 악수를 하고 작별을 고한다.

B.비즈니스 계약조인식의 매너:

계약조인식은 계약의 엄숙함을 나타내기 위한 것이다. 일반적인 상황이라면, 조인식은 15~20분이 소요된다. 이때의 의전은 비교적 엄격한 편이다. 통상적으로 다음 몇몇 단계를 거친다.

첫째, 계약서 원본을 준비하고 조인식에 참석할 인원을 결정한다. 조인식에 참석하는 사람은 기본적으로 양측의 협상 참여자 전체이다. 양측 참석자 수는 비슷해야 하며, 서명자의 신분 및 직위도 서로 비슷해야 한다.

둘째, 규범화된 복장과 장신구를 착용해야 한다. 서명자, 의전도우미(서명을 돕는 사람) 및 수행원 등은 조인식에 참석할 때 정장, 인민복, 투피스 정장, 치파오, 근무복 등의 정식 복장을 착용해야 한다.

셋째, 조인식 좌석 배치 순서를 준수해야 한다. (아래 그림과 같음)

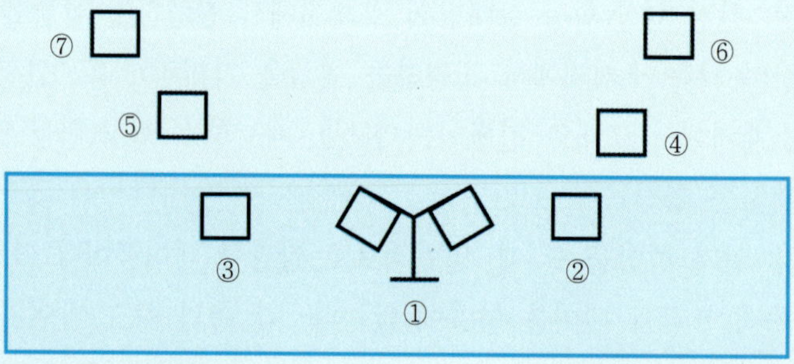

1. 조인 테이블 위의 양측 국기	2. 주최측 계약서 원본
3. 상대측의 계약서 원본	4. 주최측 서명자
5. 상대측 서명자	6. 주최측의 의전도우미
7. 상대측의 의전도우미	8. 주최측의 주요 참석자
9. 상대측의 주요 참석자	10. 단상

넷째, 조인식 절차

각측 관계자들이 제자리에 착석하면 조인식이 정식으로 시작된다. 의전도우미가 각각 서명자의 왼쪽에 자리한 다음 계약서 원본을 펼치고 서명할 곳을 가리킨다. 각 측 서명자는 먼저 자기측에서 보관하던 계약서 원본에 서명한 후 상대방이 서명 한 계약서 원본을 맞바꿔 서명한다. 각측 서명자는 서로 원본을 교환하고 악수를 한다. 모두 축배를 들고, 마지막으로 기념 촬영을 한다.

C. 송별 및 출국

(1) 송별:

중국인과 비즈니스 활동을 할 때, 환영과 송별 연회는 매우 중요한 부분이다. 중국인은 장기적인 협력 관계를 중요시 한다. 따라서 계약 체결에 성공한 후에는 반드시 송별연회를 베푼다. 송별연회에서는 서로의 협력이 성공했음을 축하하는 건배 외에도, 기회를 빌려 양측의 관계를 돈독히 함으로써 향후 협력 지속의 의지를 표명하는 것이 더욱 중요하다.

송별연회의 매너는 환영연회와 유사하다. 단지 송별연회석상에서 중국인은 보통 의미를 담은 선물을 한두 가지 준비하여 서로 교환함으로써 양측 간의 우의를 중요시 함을 보여준다. 만약 중국 비즈니스맨과 교류가 있다면 선물을 준비하여 답례하는 것이 가장 좋다(오는 정만 있고 가는 정이 없다면 예의에 어긋남). 답례하는 선물은 자국에서 만들어진 것이어야 한다. 선물 포장지의 색깔은 일반적으로 붉은 색이 가장 좋은데, 이는 붉은 색이 길운과 경사를 상징하기 때문이다. 흰색이나 검은색의 포장지는 절대 사용해서는 안 되는데, 이는 각기 슬픔과 죽음을 뜻하기 때문이다. 이때, 중국인은 보통 쌍을 이룬 선물을 준비하도록 신경 쓰는데, 이는 홀수를 불길한 것으로 간주하기 때문이다. 또한 중국인은 '시계'나 '우산'선물을 터부시하는 데, 이는 '시계 선물'은 '끝나다(钟은 终과 발음이 같음)', '우산 선물'은 '흩어짐(伞은 散과 발음이 같음)', 즉 헤어짐을 의미하기 때문이므로 반드시 잘 기억해 두어야 한다.

(2) 출국:

중국에서 비즈니스를 마친 후에는 출국을 위한 준비를 해야 한다. 출국 전에 여권, 비자, 여행 짐, 항공권 등을 준비해야 한다. 출국 수속은 보통 입국 수속과 같다. 다른 점은 공항에서 〈출국확인서〉(부록 참조)를 작성해야 한다는 것이다. 그 외에, 순조롭게 귀국한 후에 가능한 짧은 시간 내에 중국의 협력파트너에게 진심과 정이 담긴 감사편지를 보내야 함을 잊지 말아야 한다.

이로써 당신은 중국 비즈니스 여행을 순조롭게 마쳤다. 여기서 다른 중국 비즈니스 문화 지식을 열심히 학습하고 중국인을 잘 이해해야만 중국에서의 비즈니스 성공에 도움이 될 것이다.

연습문제 해답

♣ 听课文后回答问题

1) 对　2) 对　3) 错　4) 错　5) 错　6) 对

♣ 选词填空

1) d　2) c　3) b　4) e　5) a　6) f

비지니스 문화 중국어 - 청독편 -

초판 인쇄 2008년 5월 1일
초판 발행 2008년 5월 8일

엮은이 ▪ 張西 · 원종민

펴낸이 ▪ 박 철

펴낸곳 ▪ 한국외국어대학교 출판부
130-791 서울특별시 동대문구 이문동 270
전화 : (02)2173-2495~6
팩스 : (02)2173-3363
홈페이지 : http://press.hufs.ac.kr
전자우편 : press@hufs.ac.kr

출판등록 ▪ 제6-6호(1969. 4. 30)

편집 · 디자인 ▪ (주)이환D&B (02)2254-4301

인쇄 · 제본 ▪ 삼진피앤씨(주) 2271-0860

ISBN 978-89-7464-496-3 18720 정가 14,000원(CD포함)

* 잘못된 책은 교환하여 드립니다.